智库 中社

新时代智库出版的领跑者

本报告是中国社会科学院重大创新项目“中国与中亚五国交往史研究（第一期）”（2023YZD059）的成果之一

智库 中社
国家智库报告 2024（18）
National Think Tank
国际问题研究

新时代中国—中亚命运共同体：双边认知与务实合作

苏畅 著

CHINA–CENTRAL ASIA COMMUNITY WITH A SHARED FUTURE IN THE NEW ERA: BILATERAL PERCEPTION AND PRACTICAL COOPERATION

中国社会科学出版社

图书在版编目（CIP）数据

新时代中国-中亚命运共同体：双边认知与务实合作 / 苏畅著. -- 北京：中国社会科学出版社，2024. 7.
（国家智库报告）. -- ISBN 978-7-5227-4026-3

Ⅰ. D822. 336

中国国家版本馆 CIP 数据核字第 2024KK1787 号

出 版 人　赵剑英
责任编辑　范娟荣
责任校对　赵雪姣
责任印制　李寡寡

出　　版　中国社会科学出版社
社　　址　北京鼓楼西大街甲 158 号
邮　　编　100720
网　　址　http://www.csspw.cn
发 行 部　010-84083685
门 市 部　010-84029450
经　　销　新华书店及其他书店

印刷装订　北京君升印刷有限公司
版　　次　2024 年 7 月第 1 版
印　　次　2024 年 7 月第 1 次印刷

开　　本　787×1092　1/16
印　　张　12
插　　页　2
字　　数　121 千字
定　　价　68.00 元

前　言

在百年未有之大变局背景下，建设中国—中亚命运共同体具有重大意义：中国—中亚命运共同体有利于促进区域和平和共同繁荣。中国应与中亚国家进一步对接发展战略，深化经济利益融合，打造立体多元的互联互通格局，加强人文、安全合作，共同维护地区稳定与发展，捍卫发展中国家共同利益和国际公平正义。本报告分为五个部分，即分别梳理哈萨克斯坦、乌兹别克斯坦、吉尔吉斯斯坦、塔吉克斯坦、土库曼斯坦五个中亚国家的发展历程，中亚五国对中国的积极认知与务实合作，总结新时期中国与中亚五国合作的成果，探索中国—中亚命运共同体的路径建设。

本报告的特点包括以下三个方面：一是重视区域国别研究，突出中亚国别差异性，根据中亚五国不同国情及其与中国关系特点，以近十余年为一个阶段，通过梳理以下内容：中亚五国发展历程、与中国友好关系、中亚国家对双边关系和中国贡献的积极评价，进而分析中亚国家与中国关系不断提质升级的深刻原因和内生动力。例如，在“哈萨克斯坦篇”，重点梳理“一带一路”倡议提出以来，即2013年以来的发展历程和中哈关系，思考哈萨克斯坦国家发展战略与“一带一路”对接的建设路径；“乌兹别克斯坦篇”以米尔济约耶夫新政（2016年）为起点，梳理乌兹别克斯坦发展历程与中乌关系，思考中乌命运共同体建设。

二是重视中亚五国对华认知研究，力求为讲好中国故事、宣介中国在中亚国家贡献提供更多学术支撑。收集、整理大量第一手资料，汇集中亚国家政府、学术界和社会各界对以下问题的积极评价：“一带一路”倡议、中国与中亚国家关系、中国为中亚国家经济发展所作出的贡献，挖掘中国与中亚国家友好关系不断深入发展的主要动力和原因。

三是通过系统梳理和分析，力争对中国—中亚命运共同体的理论研究有进一步挖掘。对中国与中亚国家关系发展，尤其是在经济和人文领域的合作，提出思考建议，力求报告有深度、广度。

本报告认为，中国—中亚命运共同体有利于促进区域和平和共同繁荣。中国应与中亚国家进一步对接发展战略，深化经济利益融合，打造立体多元的互联互通格局，加强人文合作，共同维护地区稳定与发展，捍卫发展中国家共同利益和国际公平正义。

摘要：在百年变局背景下，建设中国—中亚命运共同体具有重大意义。本报告分为五个部分，分别从中国与哈萨克斯坦、乌兹别克斯坦、吉尔吉斯斯坦、塔吉克斯坦、土库曼斯坦五个国家的双边关系角度出发，梳理中亚五国对中国的积极认知与务实合作，总结新时期中国与中亚五国合作的成果，探索中国—中亚命运共同体的路径建设。

本报告重视国别研究，根据中国与中亚国家双边关系的不同亮点，选取中亚五国不同的发展阶段，对其发展历程进行梳理，进而分析中亚国家与中国关系不断提质升级的深刻原因和内生动力；重视中亚五国各界对华认知研究，具有一定的创新性；对中国—中亚命运共同体构建面临的机遇与挑战提出思考建议，并对中国—中亚命运共同体的理论研究进行了深入挖掘。本报告认为，中国—中亚命运共同体有利于促进区域和平和共同繁荣。中国应与中亚国家进一步对接发展战略，深化经济利益融合，打造立体多元的互联互通格局，加强人文、安全合作，共同维护地区稳定与发展，捍卫发展中国家共同利益和国际公平正义。

关键词：中国—中亚命运共同体；双边认知；务实合作

Abstract: Against the backdrop of changes on a scale unseen in a century, building a China-Central Asia community with a shared future is of great significance. This report consists of five parts. From the perspective of China's bilateral relations with each of the five Central Asian countries (Kazakhstan, Uzbekistan, Kyrgyzstan, Tajikistan, and Turkmenistan), this report reviews the positive perception and practical cooperation of the five Central Asian countries toward China, summarizes the achievements of cooperation between the two sides in the new era, and explores the path of building a China-Central Asian community with a shared future.

This report attaches importance to country-specific studies, selecting different stages of development for the five Central Asian countries based on the distinct highlights of China's bilateral relations with these countries, and then tracing the development trajectories of the five countries to analyze the reasons and intrinsic driving forces for the continuous upgrading of China-Central Asia relations. It places a strong emphasis on the study of the perception of various circles in Central Asia towards China, thus making the report innovative. It also proposes reflections on the opportunities and challenges facing the building of a China-Central

Asia community with a shared future, in an effort to further explore the theoretical research on the China-Central Asia community with a shared future. This report argues that building a China-Central Asia community with a shared future is conducive to promoting regional peace and common prosperity. China should further synergize development strategies with all Central Asian countries, deepen the integration of economic interests, achieve multi-dimensional and diversified connectivity, and strengthen people-to-people and security cooperation. China should join hands with Central Asian countries to safeguard regional stability and development, and to defend the common interests of developing countries and international fairness and justice.

Key words: China-Central Asia Community with a Shared Future; Bilateral Perception; Practical Cooperation

目　录

一　哈萨克斯坦篇：共建“一带一路”的先行者

2013 年 9 月，习近平主席在访问哈萨克斯坦期间首次提出“丝绸之路经济带”倡议，得到哈萨克斯坦的积极支持和广泛参与。哈萨克斯坦是共建“一带一路”倡议的首倡之地，同时也是建设“一带一路”倡议西出海外的第一站，具有极其重要的地位。十多年来，中哈两国在共建“一带一路”倡议框架内成功开展互联互通、产能、经贸、人文等领域合作，取得丰硕成果，哈萨克斯坦成为共建“一带一路”倡议的重要伙伴。当前，中亚地区不稳定因素增多，哈萨克斯坦处于国家改革的关键时期，内外挑战叠加。在这样的情况下，中国—中亚峰会更彰显出重大意义，落实好峰会成果，将推动“一带一路”倡议在哈萨克斯坦高质量发展。本篇主要梳理哈萨克斯坦自 2013 年以来的国家发展历程，包括重大政治举措、国家发展战略，以及政治和经济形势，通过对近十余年哈萨克斯坦发展历程的梳理，考察“一带一路”倡议与哈萨克斯坦国家发展战略的关系，以及中国在哈萨克斯坦发展过程中起到的积极作用；阐述中哈双边关系的重大成果，哈萨克斯坦对“一带一路”的积极评价；思考“一带一路”在哈萨克斯坦建设的前景和建议。

（一）哈萨克斯坦发展历程（2013—2023 年）

1．2023 年哈萨克斯坦形势

2023 年哈萨克斯坦高度重视维稳，关注政局风险，未再发生大的动荡。2023 年 3 月 19 日，哈萨克斯坦举行议会下院和地方议会选举投票。这是自 2022 年 11 月总统大选之后的重大政治事件。共六个政党获得议会下院席位，其中执政党“阿玛纳特”党获得的票数最多，得票率为 53.9%，在 69 个席位中获得 40 席；其他五个政党为“农村”社会民主党、共和党、“光明道路”民主党、人民党、全国社会民主党。随着政治改革稳步推进，哈萨克斯坦着重关注社会经济问题。9 月 1 日，托卡耶夫总统签署法令对总统办公厅进行机构改革，改革后下设总统办公厅主任、安全理事会秘书、总统助理、总统顾问及有关处室。设立内政、经济、国际问题、法律问题、科学与创新等总统助理职位。9月2日，托卡耶夫签署总统令，新成立五个部委，分别是水资源和灌溉部、交通运输部、旅游和体育部、文化和信息部、工业和建设部。

着重解决居民关心的水资源问题。为缓解民用供水紧张问题，加速推进水利设施重建、现代化和数字化改造工作，在农工综合体中引入节水技术，减少浪费。由于人口增长，基础设施落后，中亚国家居民用水问题紧张。哈萨克斯坦阿斯塔纳初夏时期饮用水短缺激起民愤，民众封堵街道要求供水。2023年7月11日，托卡耶夫在首都发展问题会议上表示，优先解决阿斯塔纳的供水问题十分必要。阿斯塔纳完全依赖阿斯塔纳水库供水，由于首都人口持续增长，新设施不断投入运行，水库水资源存量将在一两年内耗尽，如无其他水源，形势极其严峻。7月13日，哈萨克斯坦总理斯迈洛夫主持召开政府工作会议，研究解决哈南部农业供水问题，同乌兹别克斯坦、吉尔吉斯斯坦就水资源利用问题开展建设性合作，严格遵守跨境设施供水时间表。

打击武器走私。2023年3月，哈萨克斯坦国家安全委员会和内务部联合行动，在阿斯塔纳市、阿拉木图市、阿克纠宾州、西哈萨克斯坦州、卡拉干达州、北哈萨克斯坦州和图尔克斯坦州采取联合行动，查获7个武器弹药制造地下工厂。4月，逮捕了23名武器走私组织成员，涉嫌贩卖武器弹药。哈萨克斯坦和俄罗斯联合行动，在哈萨克斯坦境内打击有哈萨克斯坦和俄罗斯公民参与的，主要从事绑架、勒索、盗窃、谋杀未遂活动的有组织犯罪集团。2023 年 7 月 14 日，哈萨克斯坦内务部公布了在阿拉木图州、图尔克斯坦州、东哈州、巴甫洛达尔州等多地清剿最大犯罪集团的情况，其头目是阿尔曼·朱马格尔迪耶夫，号称“疯狂阿尔曼”，曾参与 2022 年“一月事件”。2023 年 10 月 9 日，哈萨克斯坦内务部发布数据，谋杀、流氓、盗窃、抢劫案件大幅下降，共拦截了 3700 万个诈骗电话，封锁 1.6 万个非法网站。①

加强禁毒行动。2023 年 11 月 21 日，哈萨克斯坦内务部打击毒品犯罪局副局长阿米尔汗诺夫表示，1—11 月共发现 2775 起毒品犯罪，包括 1568 起贩卖毒品和 416 起储存大量毒品案；查获 37 吨各类毒品，包括 73 公斤海洛因、191.5 公斤罂粟、5503 公斤大麻、850 公斤合成毒品等；捣毁 69 个毒品实验室；破获 6 个有组织犯罪集团活动，逮捕 6 名贩毒集团头目和 54 名参与者。②哈萨克斯坦毒品形势严峻的主要因素是：

---

① “Глава государства принял министра внутренних дел Ержана Саденова,” https://www.inform.kz/ru/glava-gosudarstva-prinyal-ministra-vnutrennih-del-erzhana-sadenova-46f58a.

② “37 тонн наркотиков изъяли полицейские Казахстана в 2023 году,” https://www.inform.kz/ru/37-tonn-narkotikov-izyali-politseyskie-kazahstana-v-2023-godu-2769e5.

毒贩通过中亚国家、俄罗斯和欧洲的“北方路线”贩运阿富汗海洛因；南部地区（楚河谷地和克孜勒奥尔达地区）的大麻原料生产基地和最危险的因素是合成药物的扩散。受阿富汗毒情影响，以及近年来中亚合成毒品增多，哈萨克斯坦毒品问题较为严重。为此，哈萨克斯坦内务部制订了“打击吸毒和贩毒的三年综合计划（2023—2025）”。哈萨克斯坦内务部打击毒品犯罪局代表阿拉洛夫表示，当前网络贩毒问题严重，2022 年查处了 1996 个与毒品相关的网站，关掉其中 1493 个。逮捕 632 名涉嫌通过网络贩毒人员，他们在网上开设了 84 个毒品销售商店。2023 年 3 月 27 日，哈萨克斯坦国家安全委员会发布消息，哈萨克斯坦内务部与吉尔吉斯斯坦内务部合作，捣毁一个毒品运输通道。贩毒集团在哈萨克斯坦囤积大量毒品，计划走私到国外。在哈萨克斯坦和吉尔吉斯斯坦两国缉获 100 多公斤海洛因，并在哈萨克斯坦阿拉木图市逮捕了贩毒集团成员。

能源合作迈出新步伐。2023 年俄罗斯、哈萨克斯坦、乌兹别克斯坦等国在能源合作领域大步迈进。一是签署三方能源合作协议。根据协议，乌兹别克斯坦 2024 年经哈萨克斯坦进口俄罗斯石油将增加至 100 万吨。并商定合理的购买和运输价格，三方将发展管道运输。二是俄罗斯与哈萨克斯坦、吉尔吉斯斯坦、乌兹别克斯坦计划签署为期 15 年的天然气合同。2023 年

11月5日，俄罗斯天然气工业股份公司总裁阿列克谢·米勒在圣彼得堡国际天然气论坛上宣布，俄罗斯、哈萨克斯坦、吉尔吉斯斯坦、乌兹别克斯坦计划在2024年年中之前签署为期15年的天然气合同，并确定各国在天然气供应和过境合作中的义务。米勒称，俄罗斯天然气工业股份公司正在扩大同乌兹别克斯坦、哈萨克斯坦、吉尔吉斯斯坦三国在所有可能领域的合作范围，其中包括油气产业。除“中亚—中心”天然气管道系统外，俄罗斯天然气工业股份公司（以下简称“俄气”）还准备利用乌兹别克斯坦、哈萨克斯坦、吉尔吉斯斯坦其他现有系统以及开辟新的线路供应天然气和提供过境服务。乌兹别克斯坦能源部部长米尔扎马赫穆多夫表示，乌兹别克斯坦愿同俄方开展长期供气合作，乌兹别克斯坦正同“俄气”及哈萨克斯坦专家就天然气后续合作进行磋商。三是哈萨克斯坦计划将俄罗斯运至乌兹别克斯坦的石油增加两倍。2023年11月29日，哈萨克斯坦国家石油运输商Kaztransoil称，明年将大幅增加俄罗斯到乌兹别克斯坦的石油运输量，经哈萨克斯坦至乌兹别克斯坦的俄石油将增至50万吨。2023年1—10月，哈萨克斯坦已向乌兹别克斯坦转运石油10.4万吨。2023年年底通过Kaztransoil主输油管道从俄罗斯运往乌兹别克斯坦的石油将达15.4万吨，较前期大幅增加。2017年开始，俄罗斯石油通过 Kaztransoil 主输油管道输送至乌兹别克斯坦。2017 年过境量为 6.79 万吨，2018 年为 3.6 万吨。2019—2022 年，俄罗斯石油没有通过哈萨克斯坦转运至乌兹别克斯坦。

2. 2013—2023 **年哈萨克斯坦的重大战略举措**

2013—2023 年，哈萨克斯坦出台重大国家发展战略、政治与社会治理方案。包括“光明之路”计划、《2050 战略》、“五大机制改革”、“百步计划”、“五大社会改革”等。

（1）2015 年国情咨文

2015 年纳扎尔巴耶夫的国情咨文聚焦经济领域，阐述对国际经济形势的判断以及哈萨克斯坦应对危机的五项框架性措施。纳扎尔巴耶夫认为，全球危机是具有普遍性的，其表现有四点：第一，危机已经涉及金融、油气、矿产、食品以及其他领域，几乎全球所有市场出现不稳定。这也是哈萨克斯坦出口产品价格低迷的主要原因。第二，全球所有经济体均出现增长放缓。自 2011 年秋季以来，国际货币基金组织（IMF）已经六次对全球经济增长预期进行了重新评估，预测值从 5% 下调至 3%。而且这还不是最低的阈值。第三，当前局势下，仅靠大量出口石油已无法带来巨额收入。第四，全球经济受到政治因素的压力。

主要大国相互制裁带来全球不安，中东地区的不稳定催生出难民潮，国际恐怖主义已经严重威胁到全世界。纳扎尔巴耶夫认为哈萨克斯坦已经具有足够的反危机能力，大体上有七点：一是哈萨克斯坦已经开始落实工业创新发展规划第二个五年计划，产业结构正在多元化。二是哈萨克斯坦已制订“光明之路”计划。三是哈萨克斯坦正在实施旨在实现五大改革目标的“百步计划”。多项配套法案于2016年1月1日开始生效。四是哈萨克斯坦已积累了足够的黄金外汇储备。五是哈萨克斯坦已经制定原油价格跌至20—30美元/桶的应急预案。六是在工业创新发展规划的框架下，哈萨克斯坦非能源行业发展成果逐步显现。七是哈萨克斯坦的公民素质不断提高，已经培育出一批产业工人和技术人才。综合研判，纳扎尔巴耶夫认为的七点反危机潜力大体上符合实际。

针对复杂局面，纳扎尔巴耶夫提出五项指导性方案，即“两稳两促一扶持”。“两稳”指的是稳定金融体系和稳定预算体系；“两促”指的是促进市场主体竞争和促进资本流入；“一扶持”指的是扶持社会公共领域。具体内容如下：第一，实现金融稳定，提升民众对坚戈的信心。①继续维持坚戈自由浮动，国家基金将不再进行大规模非冲销性干预。②优化银行资产，所有商业银行都应符合包括《巴塞尔协议Ⅲ》在内的国际标准，即资本充足率达到10%—12%，流动性比率达到20%。③充分利用利率工具，使中期CPI控制在4%左右。④完善央行监管体制。养老金储蓄基金、不良贷款基金等应脱离央行体制。其中，养老金储蓄应交付给国内或国外的私营公司进行管理。第二，优化财政预算政策。哈萨克斯坦的财政政策将从原先的扩张型改为温和型。①国家基金不再用来弥补财政赤字。②拓展财政收入的渠道，优化税种，提高经济主体的纳税积极性。③推动公私合营模式的发展，缓解财政支出压力。第三，促进市场竞争。哈萨克斯坦将开展空前的私有化计划，萨姆鲁克—卡泽纳基金和巴伊杰列克控股公司等涉及国计民生的战略性企业都将列入私有化名单。第四，促进资本流入。未来十年，哈萨克斯坦政府应吸引至少1000亿美元的外资。①继续推进阿斯塔纳国际金融中心的建设。②重视与大型跨国公司的合作。③吸引资本补充到哈萨克斯坦现有国家发展战略。第五，加大对社会公共领域的投入。简单而言就是提高工资、增强民众素质、扶持弱势群体。

（2）《2025年前发展战略》草案

2016年11月，哈萨克斯坦公布《2025年前发展战略》草案。在草案中，国民经济部列出了经济发展面临的七大威胁：①对于哈萨克斯坦能源需求的降低。②主要贸易伙伴经济发展的减速。③“货币战争”引起金融市场的不稳定。④国家科技水平的落后。⑤中亚地区民族、宗教紧张程度上升。⑥哈萨克斯坦国内各地之间的经济矛盾上升。⑦全球逆一体化趋势。同时，草案规定了2020年和2025年的十余个关键指标：相对于2015年，实际GDP增长的幅度：2020年为15%（2025年为35%）；油气产业的产值增幅：2020年为10%（2025年为30%）；国有经济占GDP的比重：2020年为40%（2025年为15%）；国家预算的非能源赤字占GDP的比重：2020年为7%（2025年为6%）；中小企业产值占GDP的比重：2020年为30%（2025年为35%）；固定投资较2015年增长：2020年为20%（2025年为45%）；对2008年的GDP总能耗降幅为25%—30%；加工业出口额较2015年增幅：2020年为1.5倍（2025年为2倍）；农业出口额较2015年增幅：2020年为1.2倍（2025年为1.6倍）；居民实际收入较2015年增幅：2020年为1.2倍（2025年为1.5倍）；2020年PISA（国际学生评估项目）指数较2012年提高2位（2025年为提高4位）；2020年在透明国际上的腐败指数提高10名（2025年为提高20名）；2020年在"世界正义工程"（World Justice Project）组织上的人权排名提升至第50名（2025年升至第40名）。在货币和财政政策的实施规划方面，《草案》也有明确规定。货币政策的使用原则：继续实施盯住通胀的政策；全面落实《巴塞尔协议Ⅲ》，严格监管银行的资本充足率和流动性；提高信贷质量，发展电子支付；积极使用证券市场提高非预算资本的投资率；发展伊斯兰金融工具。财政政策的运用原则：将税收和海关体系一体化；从 2017 年起将中央财政的专项转移支付纳入地方财政收入范畴，以此来提高各州的财政自主权和责任。相对于哈之前公布的所有发展战略，《2025 年前发展战略》关于国企改革的力度最大，其中国有经济比重降幅是历次文件中所罕见的。目前，哈正在大力推动私有化进程，并将此次进程与 20 世纪 90 年代初期相提并论，称之为“第二波私有化浪潮”。萨姆鲁克—卡泽纳基金旗下一些大型国企悉数在列。此外，此版《2025 年前发展战略》还强调发展非能源经济，推动“工业 4.0”进程，提高政府治理能力等，这些都将推动哈营商环境的改善。

（3）2017 年国情咨文

2017 年 1 月 31 日，纳扎尔巴耶夫发表年度国情咨文，全文约 3/4 篇幅谈论经济改革，称当今世界正处在第四次产业革命之中，哈萨克斯坦必须抓住机遇完成经济和社会的全面革新，主要内容如下。

第一，加速推进经济现代化进程。经济现代化既要深挖传统行业潜力，又要发展新兴产业，后者紧扣时代主题，需特别重视。一是培育新兴产业。哈萨克斯坦需要发展数字技术，如 3D 打印、电子商务、移动银行等。责成政府制订“数字哈萨克斯坦”计划，并在2017年阿斯塔纳世博会园区的基础上建立IT产业园区，提供税收和签证、劳务优惠政策，吸引国际IT巨头入驻。二是赋予传统行业新的发展动力，包括工业、农业、物流和建筑业。主要措施如下：①提高劳动生产率，积极吸收第四次产业革命元素，包括自动化、机器人、人工智能、大数据等。②要将工业化重点放在有竞争力的出口产业上。为了完成2025年前非石油行业出口50%的增幅，政府应集中力量帮助企业增加出口，为出口商提供“单一窗口”等的行政便利。责成政府官员与企业界代表制定统一的出口战略。此外，哈萨克斯坦要大力引资，责成政府完成战略规划。积极发挥阿斯塔纳国际金融中心的作用。积极参与全球价值链分工体系，当然这将交由跨国公司来主导。在这方面，哈萨克斯坦有必要与中国加强合作，如与中国江淮汽车合作就是典范。外交应为经济服务，加强在欧亚经济联盟、上海合作组织框架内的合作以及与“丝绸之路经济带”的对接。③要维持能源产业的高增长。修订矿业税法。全球能源需求增速下降，哈萨克斯坦应积极开拓新兴市场，扩大矿产能源基地。④农业应该成为新的增长点。哈萨克斯坦农工综合体拥有广阔的发展前景，哈萨克斯坦应成为世界主要的粮食供应商之一。在农业领域树立“哈萨克斯坦制造”的品牌。哈萨克斯坦要从农业初级生产逐步转变为高级加工，为此哈萨克斯坦需要完成五项工作：发展农业保险；发展农业物流；提高农业生产效率，降低农业生产成本；提高土地利用率，在5年内提高灌溉土地面积40%，使其达到200万公顷；加大对农业科研的投入。⑤发展欧亚大陆物流。责成政府在2020年达到以下物流规模：货物运输提高7倍，达到200万标准集装箱/年，人员物流提高4倍，达到160万人次/年。过境物流收入提高5.5倍，达到40亿美元/年。没有国际合作不可能达成这种目标，哈萨克斯坦要建立国际物流走廊就离不开邻国的支持，特别是要提高口岸的软硬件设施。⑥推动城镇化建设。

第二，改善商业环境、稳定宏观经济。哈萨克斯坦营商环境不佳。为实现中小企业远期发展目标，即2050年中小企业产值占GDP的50%以上，哈萨克斯坦政府应在近期完成五项工作：①完善小微企业贷款制度，从2017年起哈萨克斯坦公民最多可享受1600万坚戈的小微企业优惠贷款。②与“阿塔梅肯”企业家协会共同出台相关措施，消除商业行政障碍。③将国有经济占GDP的比重降低至15%，达到经合组织国家平均水平。到2020年，将800个国企私有化，完善IPO制度。做好萨姆鲁克—卡泽纳基金的转型工作。④完善PPP制度（Public-Private-Partnership，指政府与私人组织之间，为了提供某种公共物品和服务，以特许权协议为基础，彼此之间形成一种伙伴式的合作关系），改进政府采购制度。⑤严格禁止价格垄断和税收非法行为。宏观经济的稳定离不开有效的货币政策和财政政策。哈萨克斯坦经济政策主旨是维持信贷政策的有效性和吸引私人投资实体经济。为此，哈萨克斯坦央行和政府将在各自负责的领域担当不同的责任。央行在“严控风险”的基础上完成两项工作：①继续维持通胀目标，将中期通胀率维持在3%—4%的低水平。②重启国家金融体系，协助商业银行改善其资产负债表，严控呆账。政府在财政政策方面也有三项新工作，即严肃财政纪律；完善分权制度，赋予地方财政更多自主权；严控国家基金的使用规模。

第三，实现社会革新。社会发展的主要动力是人才，为此哈萨克斯坦大力提高人力资源质量。一是改进教育体系，重视专业技能培训，提高青年人的IT、金融和爱国主义教育。需要减少城乡教育差距。逐步推动三语（哈、俄、英）教学。二是完善社会制度，包括医疗卫生和养老金制度，医疗卫生领域从2017年7月1日起提高退休金20%。此外，哈萨克斯坦政府也要做好与腐败现象作长期斗争的准备。

纵观哈萨克斯坦近几年的国情咨文和发展战略，经济已经成为最核心的议题。此次国情咨文涉及经济的篇幅更创历史新高。

（4）《2025 年前国家发展战略》

2018 年 2 月，纳扎尔巴耶夫先后签署《2025 年前国家发展战略》（以下简称《2025 战略》），并且废除了 2013 年修订的《2020 年前国家发展战略》（以下简称《2020 战略》）。2012 年，纳扎尔巴耶夫曾经颁布至 21 世纪中叶的中期发展规划，即《2050 战略》。2013 年，为阶段性落实《2050 战略》，哈萨克斯坦政府修订了 2010 年通过的《2020 战略》。但随后国际能源市场发生剧烈变动，哈萨克斯坦经济发展的外部因素急剧恶化，GDP 增速接连下滑，《2020 战略》制定的各项短期指标已不能实现。此次纳扎尔巴耶夫总统签署《2025 战略》，从当前客观世情、国情出发，调整社会经济发展的前进步伐，以便更好地实现《2050 战略》。《2025 战略》主要内容如下。

第一，哈萨克斯坦经济中长期发展的有利条件。纳扎尔巴耶夫总统在《2025 战略》中指出了哈经济长远发展的有利因素：一是 GDP 增速已经初步恢复正常。纳扎尔巴耶夫认为，2010—2013 年，哈萨克斯坦 GDP 年均增长约 6%，《2050 战略》正是在这种大背景下制定出的。但是从 2014 年开始，国际金融形势发生剧变，哈萨克斯坦经济增速在此后几年内大幅下降，到 2016 年时几乎为零增长。但是从 2017 年以来，哈萨克斯坦经济已经重新回到约4%的中速增长轨道，基本满足了《2050战略》的起步阶段。二是经济结构发生有利变化。与2000年相比，服务业占GDP的比重从48.3%增至57%；加工制造业提升了1个百分点，运输和物流业提升了2个百分点，哈萨克斯坦已经有能力生产近千种全新的工业产品，如货运汽车、机床设备、变压设备、X射线设备等。三是哈萨克斯坦通过国家基金和央行实施了反周期的调控政策，确保了增长的可持续性和价格的稳定。2017年以来核心物价增长在预期范围之内。四是基本物流体系建成。纳扎尔巴耶夫认为，在“光明之路”计划框架内，哈萨克斯坦境内已经初步形成一个有效的物流和基础设施体系，初步具备国际通道的中转职能，这大大提高了经济的竞争力。五是农业发展保持稳定。2010—2017年，哈萨克斯坦农产品产值增长了2.5倍。六是精兵简政、“国退民进”。在过去几年中，哈萨克斯坦一直在积极推行减少行政干预的政策。世界银行《2017年营商环境报告》中，哈萨克斯坦被认为是进行最多改革的国家之一，在7大项48小项上均有改善。2014—2017年，哈萨克斯坦实现了433个项目的私有化，总价值约1250亿坚戈。七是社会保障体系稳步完善。哈萨克斯坦总人口在过去5年增长了150万人，人均预期寿命从2000年的65.5岁增长到2017年的72.5岁。

中等教育覆盖率达到86%，学前教育已经全境覆盖。八是公共管理体系逐渐现代化，司法和执法机构日趋正规化，民众对反腐政策的信心指数从2015年的60%提高到2017年的73%。九是区域经济中心逐渐出现，阿斯塔纳、阿拉木图、奇姆肯特和阿克托别成为区域中心城市。十是经济更加开放自由。目前哈萨克斯坦已经加入世界贸易组织，并且积极参与欧亚经济联盟的各项活动。

第二，制约哈萨克斯坦经济发展的不利因素。一是经济部门的劳动生产率落后。《2025战略》指出，哈萨克斯坦在农业、采矿业和加工业的生产效率远低于世界最先进标准，如农业生产相当于最先进标准的1/12—1/15，采矿业相当于1/5—1/10，加工工业相当于1/2—1/4。造成这种现状的主因是研发投资的缺失，哈萨克斯坦企业研发经费（НИОКР）占GDP的比重仅为0.15%，而相比之下俄罗斯占1.2%，马来西亚占1.3%，澳大利亚占2.2%。二是金融系统对实体经济的桎梏依旧存在。纳扎尔巴耶夫认为，哈萨克斯坦银行风险不低。表现为存贷总额中外汇比重较高，不良贷款率未达标，诸如证券、风投、保险租赁等替代性融资来源不充分等。三是过分使用积极的财政政策，致使赤字水平一度失控，到2016年年底非石油预算收入赤字占GDP比重达到9%，超过哈能承受的范围。

只是在国家基金转移支付“填坑”后，政府财政才得以基本保持稳定。四是中等规模企业数量在三年内下降了41%。其主因是融资渠道匮乏，地区行政部门配套立法的缺失，一般中等规模企业远离大市场而使物流成本高企。五是社会保障性财政支出分配不均，地区差异十分明显。城乡的人均医疗资源相差4倍以上，农村学生参加国家考试的基准分低于国家平均线的10%以上。六是尖端人才的缺乏。在QS世界大学排名（QS World University Rankings）中仅有8所高校上榜，“哈萨克斯坦国立大学”仅位列第236名。目前，哈萨克斯坦仅有11%的人口从事知识经济工作，相对于哈萨克斯坦的人口基数而言，这种比例偏低。七是失业率偏高。《2025战略》中指出，虽然登记失业率仅约为5%，但是自谋职业者占就业人口的比例一直保持在25%左右。目前，社保基金上不能覆盖自谋职业和非正规就业群体，特别是在偏远的农村地区，无劳动力人口的抚养和赡养任务繁重。

第三，世界发展的五大趋势。一是人力资本愈加重要，知识经济决定成败。《2025战略》认为，到2050年世界受教育人口将从目前的66%增长至77%，高等教育人口将增长一倍以上。由于知识的易获取性，教育体系不再垄断知识，未来人类积累知识的能力将逐步让位于搜索和处理数据的技能，这也是人类史上的第一次。二是新科技改变世界。人类将在短期内进入“工业4.0”时代。工作流程自动化和数字化减少了对中低等技能人员的需求，而对高技能员工的需求急剧增加。三是市场全球化不可逆转。尽管当前世界一些国家保护主义盛行，但是资本的跨境流动和国际融资已经使全球化成为人类发展的大趋势。人类正在从“大规模生产”向“大规模定制”的时代迈进。四是清洁能源生产成为世界共识。五是超大型经济体的国家正在丧失传统的政治能力。2012年，G7集团按购买力平价的GDP已经超过G7集团的总和。

第四，哈萨克斯坦的“7×7”计划。《2025战略》包括了两类实施系统性变革的方案，即“7×7”计划。第一个“7”指的是到2025年前哈萨克斯坦需要发生的7大体系突破，第二个“7”指的是为了实现《2050战略》而要在2025年前实施的7大举措。七大体系改革：①新的人力资本。提高教学水平，提倡终身学习制度。②技术更新和数字化。紧跟“工业4.0”，提高数字化水平。③合理的竞争。塑造竞争环境，推进私有化，淘汰低效的国有公司，提倡PPP合作模式。④健全的法治。减少人为因素，实行透明的行政程序，遏制腐败根源。⑤强大的地方。减少区域差距，确保基本的生活质量，将更多的经济权力下放给地方行政机构，增加地方领导人的职责。⑥现代化的民众意识。形成一个强大而忠诚的民族国家，防止极端主义。⑦作为变革领导者的公共部门。提高中央和地方行政机构作为国家变革推动者的作用，重新定位政府职能，通过“流水线”和“数据库”提高国家机器的生产力。

七大优先政策。①宏观经济政策侧重于预算的可持续性和减少非石油赤字，确保货币政策与财政政策相协调，保障宏观经济稳定发展。②提升哈萨克斯坦基础工业在世界市场中的地位，提高运作效率来保持现有工业的质量增长；降低成本和提高产品和服务的质量，进一步提高工业各部门的竞争力。③提高银行业稳定性，确保融资渠道和替代来源的通畅，发挥阿斯塔纳国际金融中心的作用。④保护投资者权益。完善投资环境，改善政府和市场的关系。⑤提高生活水平。根据联合国可持续发展目标，改善公共卫生，引进现代养老金制度和住房保障制度，降低失业率，实现“居者有其屋，病者有其医，勤者有其业，劳者有其得”。⑥确保环境安全，开发替代能源，改善哈萨克斯坦环境质量，发展节能经济，不断降低 GDP 能耗。⑦积极参与国际一体化进程，融入世界经济的项目，为哈萨克斯坦创造最有利的经济条件。

第五，哈萨克斯坦到 2025 年前的指标性数据。《2025 战略》给未来几届政府设定了“指标性红线”：

到2025年前，哈萨克斯坦年均GDP增速为4.5%，人均名义GDP为18500美元，较2016年增长139%；不含能源收入的财政占GDP比重从2016年的9%减少到2015年的6%以下；年均通胀率降至4%以下；非能源产品占出口的比重从2016年的44.6%增至2050年的50%；中小企业产值占GDP比重从2016年的26.8%增至2025年的35%；在世界经济论坛和联合国人类发展指数的排名均提升至第40名。

应该说，相对于前几年的政府工作报告，《2025战略》更符合当前的实际情况，所规定的各项指标在当前的大环境下也比较容易实现。《2025战略》是哈萨克斯坦政府的行动纲领和指南。通过《2025战略》应对哈萨克斯坦当前几大风险有清晰认识，如纳扎尔巴耶夫提及的金融领域风险和财政政策风险，以及对能源经济的“相对去产能化”，牢牢把握住哈萨克斯坦推行知识经济和新工业革命的节奏和步伐，并且在哈萨克斯坦的城镇化进程中寻找中哈合作的新增长点。

（5）制定社会治理方案

2018年3月5日，哈萨克斯坦召开两院联席会议，纳扎尔巴耶夫出席并发表重要讲话，提出了“五大社会改革举措”，即“居者有其屋、降低低收入群体的纳税负担、提高高等教育普及度和质量、扩大小额贷款发放、发展天然气供应体系”。纳扎尔巴耶夫表示，

“人民团结则国家兴盛，人心涣散则民族衰亡。重点改革社会领域的意义在于提高人民的幸福感”。总理萨金塔耶夫表示，“总统宣布了新的社会举措，并向政府下达了一系列任务。这些社会举措的每一项都与公众最关注的问题息息相关”。下院议长尼格马图林表示，“总统提出的倡议是对国家和人民生活带来新动力的特殊社会步骤。旨在对我国每个公民提供住房，以及税收和教育方面的全面支持”。由于五大措施贴近民心，很快在哈萨克斯坦引发社会热议。

2019 年 3 月 19 日，纳扎尔巴耶夫宣布自 20 日起辞去总统职务。在总统选举之前，由议会上院议长托卡耶夫代为履行总统职务。20 日，托卡耶夫宣誓就职。2019 年 6 月 9 日，哈萨克斯坦举行总统大选。共有 7 名候选人参选，托卡耶夫被“祖国之光”党提名为总统候选人参选。哈萨克斯坦中央选举委员会当地时间 10 日宣布了总统选举投票结果，托卡耶夫以 70.96% 的选票胜选，任期至 2024 年。6 月 12 日，托卡耶夫举行就职仪式。哈萨克斯坦开启了新的时期。

3. 哈萨克斯坦的经济发展

哈萨克斯坦商业银行（以下简称“哈商行”）短期内的经营状况并不理想。一是从 2015 年下半年起资本充足率有所下降，大银行数据低于全国水平。银行的资本充足率是指银行自身资本和加权风险资产的比率，代表了银行对负债的最后偿债能力。从2015年6月起，哈萨克斯坦二级银行，即商业银行的总资产以3200亿/月的速度迅速增长，整个下半年增幅为11%。截至2016年4月底，哈萨克斯坦商业银行的总资产达到2.6万亿坚戈，为近年最高。2015年6月起，哈萨克斯坦商业银行的自有资本总额也在节节攀升。但是8月坚戈汇率大幅贬值，自有资本增幅远低于资产增长，商业银行的资本充足率开始下降。在哈萨克斯坦十家最大的商业银行里，只有forte银行和人民银行（又译为人民储蓄银行）的资本充足率超过全国平均水平。其余的八家银行均低于平均水平，阿拉木图经贸银行排名垫底，仅为5.6%。2015年4月，十家大银行的平均资本充足率为12.8%，2016年4月为9.6%，降低3.2个百分点。其中forte银行下降1.1个百分点，降幅最小。哈商行下降5.9个百分点，降幅最大；人民银行下降4.1个百分点，降幅第二大。而这两家银行也是哈最大的两家商业银行，贷款市场份额接近四成。二是从2015年下半年开始，银行的流动性逐渐下降。哈萨克斯坦央行使用的流动性是流动资产与总资产的比率，比率越高则表明商业银行存储的流动性越高，应对流动性需求的能力也就越强。流动性资产一般专指银行的流动资产，主要包括：现金、黄金、超额准备金存款、一个月内到期的同业往来款项轧差后资产方净额等。

哈萨克斯坦政府通过剥离不良资产和重组等方式，对银行业进行了大幅整治，其中以BTA银行为代表。但是2015年的汇率政策调整给哈萨克斯坦带来巨大冲击，实体经济上的表现是公司财务汇兑损益，而对于金融业则是外币贷款本币价格的激增。哈萨克斯坦将打造阿斯塔纳金融中心列为国家发展战略，其本国金融业的稳定和发展状况值得关注。

2016年12月，哈萨克斯坦央行行长阿克舍夫（Данияр Акишев）接受采访，称2016年哈萨克斯坦央行工作取得了十项成果：①稳定了汇率市场。从2016年9月起，哈萨克斯坦没有进行外汇冲销操作，但是汇率未出现断崖式行情。这主要得益于外部环境的改善：石油价格的回升和哈萨克斯坦主要贸易伙伴货币市场的稳定。同时哈萨克斯坦央行也采取一些措施提升投资者的信心，如及时有效披露信息等。②有效控制了通胀率。截至2016年年底，哈萨克斯坦通胀率已经接近8%的预定目标。这主要得益于汇率的相对稳定和基准利率调控方式的有效使用。2017年，哈萨克斯坦仍将以通胀率为锚定目标来进行基准利率的有效调控。③经济货币化比重的增强。通胀率的降低可以提升经济的货币化比重。2015年11月到2016年9

月，哈萨克斯坦流通现金供应量（M0）增长31%，达到16万亿坚戈；广义货币（M2）供应量增长25%，达到110万亿坚戈。④经济去美元化趋势增强。2016年年初以来，坚戈存款同比增长49%，占总存款的比重从30%增至42%；外汇存款同比下降6.8%，占总存款的比重从70%降至58%。这主要是因为利率差（本币存款利益与外币存款利率的差额）的提高和民众对本币信心的提升。⑤完善国债市场。这个市场以前一直存在，但是几近停滞。2016年央行多管齐下，提高了国债市场的流动性，一定程度上提高了资本运行的效率。⑥协助议会通过《支付体系法》，为完善哈支付体系奠定了法律基础。⑦利用现代通信科技和网络技术加强与商业银行的沟通效率，既可以提高央行的服务质量，也可以通过加强对全国商业银行的及时监控来确保央行政策的有效性和准确性。⑧完善央行的信息披露，即与央行业务相关数据的更新和合理解释。⑨完善央行内部管理。提高内部监控，将领导职位比重从25%降至18%。⑩拓展国际业务。如参加G20峰会等。哈萨克斯坦央行仍有需要改进的地方。一是完善哈的国际收支平衡状况，目前哈萨克斯坦的经常账户依旧赤字，哈萨克斯坦央行应该采取措施使其保持相对平衡。当然这并非央行可以单独解决的，央行应该配合政府共同行事。二是保持信贷规模的稳定增长。

2017年6月，哈萨克斯坦金融业出现重大兼并案件，哈人民银行收购哈商行96.81%的股份，其中86.81%的股份是由哈人民银行直接从哈萨克斯坦商行购得，剩余的10%股份是从萨姆鲁克—卡泽纳基金购得，哈人民银行完成对商业银行的事实吞并。由于哈商行是全哈萨克斯坦第一大银行，哈人民银行是哈萨克斯坦第二大银行，因此这桩收购案件成为哈萨克斯坦金融史上最大的银行兼并事件。2017年以来，哈萨克斯坦银行业加速洗牌。如采斯纳银行收购中央信贷银行部分股权、RBK银行全资收购Qazaq银行，“腾格里”银行和Capital银行也对外发布了合并意向，但是这些银行重组案与此次相比并非一个数量级别。根据“福布斯—哈萨克斯坦”公布的2016年哈前十大银行的基本情况可以看出，哈商行和哈人民银行无论是总资产、总存款还是股本资产都数倍于其他八大银行。采斯纳银行虽然贵为第三大银行，但是其总资产和总存款不及前两者的一半，股本资产甚至只有前两大银行的1/4。因此可以预见，哈人民银行将哈萨克斯坦商行吞并后，其总资产规模将约占哈萨克斯坦整个市场的45%，吸储份额将占整个市场的30%—40%，这种“巨无霸式”的金融集团在发达国家极其罕见，即使是在转型国家中也不多见。值得一提的是，哈萨克斯坦商行不仅是一家银行，还是一个金融集团，旗下拥有多家基金、保险公司和子银行。此次哈人民银行将整个哈萨克斯坦商行集团收购，行业影响十分巨大。第一，哈萨克斯坦银行业的重组将会继续。这主要是因为哈萨克斯坦政府对于银行的救助资金规模取决于银行的自有资本，小银行会被排除在救助清单之外，因此未来可能会发生更多的合并重组案件。第二，两大银行合并不会对中企在哈萨克斯坦经营产生过多负面影响。库利巴耶夫将中国视为天然的合作伙伴。哈人民银行是中国银联国际公司（以下简称“银联国际”）在中亚最重要的合作伙伴。2014 年银联国际与哈人民银行合作发行首张可在哈萨克斯坦使用的银联芯片借记卡。2015 年 5 月，双方再次签署协议深化合作，开发公司卡、钻石卡等更多银联卡产品，避免汇兑损失，同时还在网上支付、跨境汇款等创新业务领域开展合作。2016 年，哈人民银行成为全哈萨克斯坦首家用银联卡在 ATM 机里取出坚戈的银行。第三，可视为哈萨克斯坦金融开放的序幕。2018 年，阿斯塔纳国际金融中心（AIFC）将正式运行，这就意味着哈萨克斯坦将逐步放开金融管制，外资银行、保险、基金机构将会大举入哈。先练好内功成为哈萨克斯坦金融界需要的首要难题。此次两大银行合并，哈人民银行成为哈萨克斯坦金融业的霸主。虽然从整体规模来看，哈人民银行还远不能与跨国寡头们相抗衡，但是其凭借独特的政治地位和本土优势，可在未来激烈的金融博弈中占得一些先机。

2017 年 12 月，哈萨克斯坦央行行长阿基舍夫接受媒体采访，就该国 2017 年金融领域的情况进行总结，并对 2018 年货币政策给予说明。2017 年，哈萨克斯坦金融业基本保持稳定，去美元化进程继续推进，银行整体坏账率进一步下降。实践证明，以通胀为目标的货币政策在哈萨克斯坦基本可行。2018 年，哈萨克斯坦将在解决通胀问题的基础上实现整个金融体系的可持续发展。2017 年金融工作主要包括：一是通胀压力降低。2017 年基本实现既定的通胀目标。主要有利因素和经验包括：世界商品和食品市场保持稳定增长态势；尽管部分时间有通胀消极因素出现，但是央行并没有过度收紧货币投放，全年经济保持温和复苏，供给侧生产力进一步释放，从而抑制了物价上涨。二是银行业整顿初见成效。2017 年，在哈萨克斯坦各大银行股东们的强力支持下，哈萨克斯坦央行配合政府实施了提高二级银行财务可持续发展计划，为二级银行扩大贷款份额创造了良好条件。由于货币政策放松、商业活动和消费需求增加，1—10 月哈萨克斯坦金融业贷款总额同比增长 3.2%，美元化比例从 2016 年 1 月的 70% 降至 2017 年年底的 48%。此外 2017 年在哈萨克斯坦央行的监督下，“哈萨克斯坦人民银行”和

“哈萨克斯坦商业银行”实现合并，资产重组完成。三是深化商业企业股份制改革，保护中小股东权益。为创造良好的投资环境，保护中小投资者的权益，2017年，哈萨克斯坦对盈利法人机构的股份制进行了深入改革，对管理机构的职能和权力加以区分，简化解决企业矛盾的程序，继续贯彻符合国际标准的财务审计制度。四是有效应对金融突发事件。2017年阿斯塔纳世博会期间，市场预计哈萨克斯坦坚戈将走弱，投机资本伺机而动。哈萨克斯坦央行主动作为，干预外汇市场，积极疏导舆论，成功抵御了投机资本对哈萨克斯坦坚戈的做空行为。2018年，央行货币信贷政策措施的主要目标是维持通胀率中长期目标不高于4%，其中2018年、2019年的通胀率过渡目标分别为5%—7%和4%—6%。央行将继续实施通货膨胀目标制下的货币信贷政策和本币浮动汇率政策，以有效抑制通胀，并保持通胀率在合理水平，从而更好地推动长期经济增长。为实现既定通胀率目标，央行将依据预测的通胀水平及其他参数设定基准利率，使实际基准利率保持在不高于4%的水平。央行将继续完善传导机制通道，逐步构建相适应的收益率曲线形成条件，稳定居民通胀预期。此外，央行还将继续采取振兴银行业、引导经济去美元化、优化外汇调控和外汇管制等措施。

哈萨克斯坦非常重视金融领域的风险治理。2019年11月7日，国际评级机构穆迪发布《哈萨克斯坦银行体系报告》。11月15日，哈萨克斯坦举行金融市场和实体经济研讨会，央行行长多萨耶夫、第一副总理兼财政部部长斯迈洛夫参会，报告及会议均指出2019年哈萨克斯坦金融领域风险上升。首先，不良贷款比例过高。惠誉认为，2019年第三季度，哈萨克斯坦二级银行不良贷款率保持在11.3%的水平，但问题资产的实际规模至少是上述指标的两倍。根据新的国际会计准则（IFRS9），处于预期信用损失第二、第三阶段的贷款占比分别达到7%和22%。如果惠誉预测准确，那么哈萨克斯坦金融业的不良资产比例已经接近2009年的危机水平。不过惠誉同样认为，未来哈萨克斯坦经济增长将高于2008年的水平，因此目前哈萨克斯坦并没有爆发全面金融危机的风险。其次，实体经济贷款出现停滞。哈萨克斯坦阿塔梅肯国家企业家协会（以下简称“企业家协会”）表示，截至2019年第三季度，二级银行贷款余额为13.4万亿坚戈，法人贷款较上年同期下降5.4%，中小企业贷款下降12.5%。银行贷款余额占GDP比重从2018年的56.5%跌至目前的21.2%，中小企业数量和固定资产投资都呈现下降趋势。

风险上升的原因分析。第一，经济活跃度下降。

据欧亚经济委员会和欧亚开发银行预测，2019 年哈萨克斯坦 GDP 增速为 4. 2%，2020 年为 3. 2%，2021 年为 3. 3%。尽管有财税和货币政策推动，预计 GDP 增速仍将低于 2017—2018 年水平。供给不足致使物价上涨，加之工资涨幅有限，个人贷款节节攀升。哈萨克斯坦企业家协会承认，哈萨克斯坦有 80% 的劳动人口在非国有部门工作，仅仅依靠财政拨款来提高居民收入是不现实的。几年来，哈萨克斯坦食品价格上涨 37%，非食品价格上涨 42%，而居民实际收入水平仅增长 11%。居民因入不敷出而被迫借贷，结果导致居民消费贷款余额增长 22%，达到 6. 2 万亿坚戈，其中超过一半是无抵押贷款，这构成了巨大风险。惠誉对此观点基本认可，称在经济复苏乏力的背景下，哈萨克斯坦银行竭力扩大个人贷款规模，以弥补企业贷款需求疲弱的损失。随着个人贷款快速增长，居民贷款率已逼近上次银行业危机前的水平。由于官方数据未计入小型金融机构发放贷款，实际个人贷款债务水平可能更高。此外，由于大部分个人贷款来自低收入群体，实际负债率增速可能会较官方预测数据更快。关于实体经济贷款走低问题，哈萨克斯坦阿塔梅肯国家企业家协会认为，主要原因是银行贷款审批要求高、利率高，以及抵押物不足等。第二，历史遗留问题较多。惠誉认为，2018 年前后，哈萨克斯坦部分银行

（约占金融市场份额的15%）继承了大量前期产生的问题资产，包括处于预期信用损失第三阶段的贷款余额6000亿坚戈，处于预期信用损失第二阶段的贷款余额2500亿坚戈，非核心资产1500亿坚戈，历史遗留问题并没有被很好地解决。

哈萨克斯坦政府采取的应对措施包括：第一，提升经济活力。一是盘活地方财政。2019年10月28日，哈国民经济部副部长马吉耶夫表示，需要减轻企业行政负担，审慎评估筛选国家机关所采取的监管措施，防止给企业造成过重负担，不合理干预企业经营行为。二是实施外交政策“经济化”。11月26日，托卡耶夫表示，确保将外交政策“经济化”提升到新的水平是重要的优先任务，外交官的任务是为哈经济吸引高质量的投资。三是减少企业负担。11月28日，哈萨克斯坦议会下院批准《关于哈萨克斯坦行政区划以及完善国家管理和各级预算关系的法律修正案》。根据修正案，哈萨克斯坦将按照财政分权需要，将中小企业所得税收入划归地方财政。此举旨在增加地方财政收入，增强地方政府提升经济活力、发展中小企业积极性。大型企业所得税收入仍划归中央财政。各州议会有权确定中小企业所得税在州、区两级财政的分配比例。

第二，加强银行监管。一是推广资产质量评估体系。2019年11月15日，哈萨克斯坦央行行长多萨耶夫表示，该国银行资产质量评估（AQR）已取得初步结果，下一步将根据国际经验，优化银行业务流程。未来资产质量评估结果将广泛应用于监管领域，包括将评估方法纳入现行监管程序，将定量和定性分析结果应用于新的监管审查系统。二是重组央行。2019 年 12 月 5 日，托卡耶夫签署《关于进一步完善哈萨克斯坦国家管理体系的法令》，决定重组哈萨克斯坦国家银行（央行），剥离央行现有金融市场监管和发展职能，组建直属总统的国家机构——金融市场监管和发展署。法令将于 2020 年 1 月 1 日生效。根据总统令，金融市场监管和发展署编制为 547 人，办公地点为阿拉木图。今后，金融市场监管和发展署、央行和政府将通过金融稳定委员会开展合作，协调解决金融稳定、预防和化解风险等问题。三是强化金融稳定委员会职能。2019 年 11 月中旬，托卡耶夫签署关于强化金融稳定委员会职能的命令。总统令旨在加强金融稳定委员会作为部门间协商咨询机构的作用，保障金融体系稳定，减少系统性风险。金融稳定委员会将研究宏观审慎政策，制定反危机措施，解决丧失偿债能力的二级银行问题，制定扶持二级银行的融资措施。四是限制次贷消费。哈萨克斯坦央行制定禁止向收入低于最低生活保障标准群体发放贷款的政策。央行行长多萨耶夫对此表示：“贷款是正常的，问题在于谁是借款人。如果借款人的贷款能力能够得到证明，银行无疑将提供支持，但事实上很多借款人并没有足够的收入来源。他们是国家救助或社会定向救助的对象，没有足够能力来偿还此类贷款。”

第三，金融政策方面。一是制订长期货币政策规划。2019 年 11 月，根据托卡耶夫总统指示要求，哈萨克斯坦央行制定了中长期货币政策的《到 2030 年货币政策战略》。这是哈萨克斯坦首次制定相关文件。文件包括总则、通胀目标制度、结构性约束、货币政策方向等内容，此外还涉及提高央行政策透明度和信任度的措施等。哈萨克斯坦央行明确将维持自由浮动汇率政策，同时确保进行积极的政策沟通。央行行长多萨耶夫表示，央行将继续公开货币政策和外汇市场信息，包括干预外汇市场信息，以及国家基金资金流转的情况，并与哈萨克斯坦财政部共同制订国家基金转移支付工作计划。二是开放金融业的外资比例。2019 年 11 月 21 日，哈萨克斯坦央行副行长斯莫利亚科夫表示，允许在哈萨克斯坦开设直接分支机构不会导致外国银行和保险公司大量涌入。斯莫利亚科夫称，哈萨克斯坦央行将保留对外国银行设立分支机构的规则制定权，未来准入条件将非常严格。在哈萨克斯坦开设分支机构的外国银行母行资产规模不得低于 200 亿美元，保险机构母公司资产规模不得低于 50 亿美元，且分支机构只能办理12万美元以上的存款业务。根据入世承诺，哈萨克斯坦将自2020年12月16日起允许外国银行开设直接分支机构。哈萨克斯坦央行行长多萨耶夫对此做法表示，很多人提出如何与外资大型银行竞争的问题，实际上俄罗斯三家大型银行——储蓄银行、外贸银行、阿尔法银行均已在哈萨克斯坦设立分行，没有理由对此感到担心。

（二）中哈双边关系发展轨迹和成果

1. 政治互信引领发展

中哈拥有1700多千米的边界线，古代丝绸之路是连接两国和两国人民的历史纽带。建交以来，政治互信不断加深，建立了“永久战略伙伴关系”。习近平主席在哈萨克斯坦提出共建“丝绸之路经济带”倡议，引领两国关系不断迈上新台阶，各领域合作不断深化。2013年9月、2015年5月、2017年6月、2022年9月、2024年7月，习近平主席5次成功访问哈萨克斯坦。2019年3月，纳扎尔巴耶夫辞去总统职务，时任上院议长托卡耶夫接任总统。同年9月，托卡耶夫作为总统首次访问中国，中哈宣布建立永久全面战略伙伴关系。2022年2月，托卡耶夫访华并出席北京冬奥会开幕式。2023年5月，托卡耶夫出席中国—中亚首次峰会并进行国事访问。元首战略引领和高层密切交往是中哈关系持续高水平发展的保障和优势，为两国关系发展、共建“一带一路”倡议合作顺利推进奠定坚实基础。

哈萨克斯坦是最早与中国签署《“一带一路”合作备忘录》的国家之一。2014 年 11 月，哈萨克斯坦首任总统纳扎尔巴耶夫提出“光明之路”新经济政策，在基础设施建设、互联互通、产能合作等领域，该政策与“一带一路”倡导的合作方向契合。2016 年 9 月 2 日，在习近平主席和哈萨克斯坦首任总统纳扎尔巴耶夫的共同见证下，中哈两国政府代表签署了《“丝绸之路经济带”建设与“光明之路”新经济政策对接合作规划》。从此，中哈发展战略对接结出一系列果实。

2022—2023 年，中国与中亚国家领导人互访明显增多。2022 年 2 月 5 日，中亚五国总统齐聚北京出席 2022 年冬奥会开幕式，包括哈萨克斯坦总统托卡耶夫。

2023 年 3 月 26—30 日，中国新疆维吾尔自治区党委书记马兴瑞率中国新疆友好交流访问团访问哈萨克斯坦、乌兹别克斯坦、吉尔吉斯斯坦三国，先后与三个国家的总统、总理分别会谈，就扩大中国新疆同各国地方间交流合作进行了充分沟通。在哈萨克斯坦，访问团先后访问了阿斯塔纳和阿拉木图，与哈政府有关领导和相关市州负责人会谈，举行第二届中国（新疆）—哈萨克斯坦毗邻地区友好合作对话会，与阿拉木图市和东哈萨克斯坦州、阿拉木图州、阿拜州、杰特苏州缔结友城关系，同在哈萨克斯坦的华侨华人、留学生和驻哈机构、企业、项目代表等座谈交流。10月，哈萨克斯坦国防部部长访华。哈萨克斯坦国防部部长同中共中央政治局委员、中央军委副主席何卫东举行会晤，双方就中哈国防领域双边合作现状和前景进行了讨论。哈萨克斯坦国防部部长参访了中国航空技术国际工程有限公司（CATIC）和中国兵器工业集团有限公司（NORINCO）等军工企业。10月31日，哈萨克斯坦文化和信息部副部长阿尔曼·朱迭巴耶夫会见了西安市市委书记方红卫。双方一致强调两国之间互信和战略伙伴关系上升到最高水平。11月7日，哈萨克斯坦贸易和一体化部部长阿尔曼·沙哈拉耶夫访华。与山东高速集团有限公司、山东能源集团有限公司、福建省金海粮油有限责任公司举行会谈并签署合作备忘录。8日，在双方部委领导见证下哈企业在上海签署了3项备忘录和总额达7400万美元的15个出口协议。根据协议，哈生产商将向中国市场供应植物油、奶粉、蜂蜜和饲料面粉等。8日，沙哈拉耶夫在上海会见大连商品交易所和上海期货交易所代表。双方同意继续在股票交易领域开展合作。9日，沙哈拉耶夫在北京与中国海关总署副署长孙玉宁会谈，就扩大农畜产品出口范围、消除贸易壁垒达成了一致意见。

《中华人民共和国政府和哈萨克斯坦共和国政府之间关于互免签证的协定》于2023年11月10日起正式生效。根据双方签署的协议，哈萨克斯坦公民持普通护照和回国证明，中国公民持公务普通护照、普通护照和旅行证，因私人事务、商务活动（包含谈判、签约、提供咨询服务及其他商务活动等）、旅游、医疗、国际运输及过境事由，在另一方入境、出境或者过境，自入境之日起单次停留不超过30日，每180日累计停留不超过90日，免办签证。中哈海关部门多次会晤，就提升边境公路过境点通行能力达成协议。其中，光明之路过境点已切换为全天候运行模式，其他公路边境口岸采用12小时工作制。通过“Qoldau”平台推出的电子排队系统，哈萨克斯坦出发的货车过境时间减少，中方许可证签发实现了自动化。此外，两国民航部门也多次磋商，两国直达航班数量将大幅增加。

2023年11月9日，中哈合作委员会科技合作分委会第十次会议在中国重庆市举行。双方分享了两国科技创新发展领域的最新政策动向，并讨论了有关开展科技合作的议题，签署了中哈合作委员会科技合作分委会第十次会议议定书。11月22日，中哈环保合作委员会举行第十次会议和安全合作分委会第十二次会议。双方听取了跨界河流水质监测、分析和评估工作小组以及紧急情况快速反应和预防跨界河流污染工作小组工作报告，通过并批准了2024—2025年度联合工作计划。同日举行了两国外交部磋商和中哈合作委员会安全合作分委会第十二次会议。双方同意在联合国、上合机构在网络安全、打击“三股势力”、打击跨国毒品犯罪以及国防机构合作、人员培训和联合反恐演习等领域的实际合作。

2. **经贸合作稳步推进**

随着“一带一路”倡议进入实施阶段，中哈经贸合作迎来向更高水平合作的历史机遇期。2013年中哈进出口贸易总值达285.9亿美元，同比增长11.3%。2014年双边贸易额为224.38亿美元，同比减少21.5%。2015年，因货币大幅贬值，按美元计算，哈萨克斯坦国内生产总值几乎腰斩，中哈经贸合作也受到影响，双边贸易额下降到200亿美元以下。2019年，双边贸易额重新突破200亿美元大关，为219.9亿美元，同比增长10.6%。2020年双边贸易额为214.3亿美元。2021年，中哈货物进出口总额为252.5亿美元。2022年，中哈货物贸易总额为311.7亿美元，同比增长23.6%。中国稳居哈萨克斯坦第二大贸易伙伴国、第一大出口目的国和第二大进口来源国地位。哈萨克斯坦成为第二个在阿里巴巴电商平台上开设国家馆的国家，已有 200 多家哈萨克斯坦企业入驻该平台。

据哈方统计，2023 年中哈贸易额达到 314 亿美元，同比增长 30%。哈萨克斯坦出口量增长 34.7%，达到 1980 万吨，出口额为 147 亿美元。主要出口商品有：矿石 860 万吨（增长 30.5%），石油 570 万吨（增长 7.5%），天然气 58 亿立方米（增长 15.5%）、铀 1.04 万吨（增长 42.7%），铁合金 62.19 万吨（增长 6.7%），油籽（葵花籽、亚麻籽）63.13 万吨（增长 50%），铜 23.75 万吨（减少 13.6%）。哈进口量增长 44.8%，达到 390 万吨，进口额为 167 亿美元。主要进口商品有：服装 6.424 亿件（增长 1.1 倍），鞋 10.64 万吨（增长 1.8 倍），汽车 6.14 万辆（增长 3 倍），计算机、笔记本电脑和主机 600 万台（增长 80%），塑料及其制品 31.4 万吨（增长 8.4%），水果 13.63 万吨（增长 1.2 倍），智能手机 600 万部（减少 3.3%）。

3. 产能合作方兴未艾

中哈油气合作堪称典范，中资企业帮助哈方伙伴开采境内近 25% 的油气资源，合作涵盖勘探、开采、炼化、运输、销售在内的全产业链。55 个项目列入中哈产能合作清单，合同总金额超 274 亿美元，目前已有

9 个项目完工。在中方支持下，奇姆肯特炼油厂、阿特劳炼油厂完成升级改造；中资企业援建的 5 兆瓦风能电站和 1 兆瓦太阳能电站竣工并交付哈方；投资 74.5 亿坚戈（约 1.3 亿元人民币）的金骆驼乳粉厂建成投产，年产能达 2500 吨，为当地增加就业的同时，也为哈萨克斯坦乳制品的出口打开了新市场。由中资企业参与建设的扎纳塔斯风电场、图尔古孙水电站、阿拉木图光伏电站等新能源项目，切实助力当地向低碳转型。中哈产能合作不断向绿色、数字和科技等高新科技领域拓展。中国电力公司投资建设了哈萨克斯坦最大风电项目。

4. 农业领域成为投资亮点

截至 2021 年年底，中国对中亚五国农业的投资累计达到 4 亿美元，为当地创造 3000 个就业岗位。农业投资涉及领域较多：种植业、养殖业、棉花及加工业。西安爱菊粮油工业集团的跨境农业合作创新模式成为中哈农业合作的最大亮点：首先是农业订单模式，目前订单的面积已经超过 150 万亩；其次是在哈萨克斯坦打造跨境农业产业链，即北哈州经过阿拉山口到西安三位一体农业合作。黑龙江省大庆金土地有限公司在哈萨克斯坦投资创建了集研发、生产、销售于一体的金骆驼哈萨克斯坦生产基地，将鲜骆驼奶和马奶生产加工成奶粉，返销中国，还销到埃及等第三方市场。

2022 年中哈农产品贸易翻番。2023 年 3 月开通了中国阿拉山口的中哈农副产品绿色通道，这是继巴克图口岸之后的又一个绿色通道。这不仅有利于新疆和周边国家的合作，而且为中国其他省区拓展与中亚国家的农产品贸易开辟了新通道。

5. 互联互通助力发展

10 年来，在互联互通领域，中哈构筑了陆、海、空一体化多式联运模式。当前，中哈已开通 5 对常年对开口岸、5 条油气跨境运输管道、2 条跨境铁路干线和 1 个国际边境合作中心。中哈原油管道和中国—中亚天然气管道保障了供应国、过境国、消费国的安全和发展，成为欧亚大陆的“资源血脉”。中哈连云港物流合作基地、“霍尔果斯—东大门”无水港、“中国西部—欧洲西部”国际运输走廊等基础设施大项目保障欧亚大陆间物畅其流，也让哈萨克斯坦产品拥有扬帆远航的出海口。2022 年，途经霍尔果斯与阿拉山口的中欧班列近 1.3 万列，中哈两国铁路货运量达 2300 万吨，同比增长 20%。截至 2023 年 12 月，途经霍尔果斯与阿拉山口的中欧班列已超过 13000 列，占中欧班列开行总量的 80% 左右。据统计，过境运输服务为哈方创造约 5 万个就业岗位，哈萨克斯坦每年可获得 40 亿美元的过境运输收入。2023 年，通过阿拉山口和霍尔果斯口岸的货物运输达到2450万吨，2025年这一数字将提高到3000万吨。跨里海班列正式开通，即由中国经过哈萨克斯坦穿越里海抵达阿塞拜疆、格鲁吉亚、土耳其、黑海最终到达欧洲国家，共20天。运输业占哈萨克斯坦国内生产总值的9%左右，为哈萨克斯坦国民经济发展作出突出贡献。中哈霍尔果斯国家边境合作中心是中国第一个跨境合作区，具有很强的示范效应，2023年，该中心举办30多场国际活动来吸引更多的投资者和游客。

6. 金融合作打通血脉

哈萨克斯坦国家发展处于关键时期。托卡耶夫执政后，提出建立"新哈萨克斯坦"和"第二共和国"的战略目标，中哈金融合作将助力哈萨克斯坦战略目标的实现。首先，中哈参与建立多个金融平台。亚投行、丝路基金、中国—欧亚合作基金、中哈产能合作基金等金融平台，为"一带一路"倡议提供可靠资金渠道。其次，中国支持哈萨克斯坦金融领域发展。2019年9月23日，中国建设银行阿斯塔纳分行开业，成为首家在阿斯塔纳国际金融中心设立一级经营机构的中资商业银行，也是该金融中心的人民币清算行。目前，阿斯塔纳国际金融中心与中国证监会、中国银保监会签署监管备忘录，与上海证券交易所、丝路基金、中国国家开发银行、中国建设银行、中信银行、中信证券建立了战略合作关系。最后，扩大本币结算规模，助力两国企业合作发展。中哈双方协商建立区域人民币结算中心。2022 年 9 月，中国人民银行与哈萨克斯坦国家银行签署了在哈萨克斯坦建立人民币清算安排的合作备忘录，这将有利于中哈两国企业和金融机构使用人民币进行跨境交易，进一步促进双边贸易、投资便利化，为更高水平、更大规模的金融合作创造条件。跨境电商在中国和中亚合作之间发挥积极作用。2022 年年底以来，近 200 家哈萨克斯坦企业入驻阿里巴巴电商平台，还获得了金牌供应商的账号；阿里巴巴国际站也开设了哈萨克斯坦和乌兹别克斯坦的国家馆，这样不仅便利了双边的贸易发展，而且带动中亚国家借助跨境电商平台在全球范围内进行买卖，促进了中亚国家在全球的贸易增长。

7. 人文合作强本固基

2014 年 6 月，由中国、哈萨克斯坦、吉尔吉斯斯坦共同申报的“丝绸之路：长安—天山廊道的路网”入选联合国教科文组织世界遗产名录，这是世界首个被列入名录的丝路遗产，也是中国第一个跨国联合申遗项目。2018 年 12 月，哈萨克斯坦首任总统纳扎尔巴耶夫亲自号召年轻人学习中文，了解中国。这既体现了他的远见卓识，也预示着中哈关系的美好未来。目前，大约1.5万名哈萨克斯坦籍学生在华留学，1400多名中国学生在哈萨克斯坦留学。哈在中国开办了6个哈萨克斯坦语言文化中心和经济社会研究中心，中国有5所孔子学院在哈萨克斯坦开班授课。2023年5月17日，双方在西安签署《中华人民共和国政府和哈萨克斯坦共和国政府之间关于互免签证的协定》，哈萨克斯坦成为首个同中国互免签证的中亚国家。协定生效后，中哈双方人员可以在对方国家免签停留最多30天，两国人员往来将更加便利。

共建“一带一路”倡议是中哈两国的共同选择，是双方在构建人类命运共同体道路上先行一步的具体体现，符合两国和两国人民的根本利益。在已有基础上，中哈应进一步深挖合作潜力，培育更多能给双方带来实惠并具有示范意义的合作项目，助力“一带一路”倡议由“大写意”向“工笔画”转变。在数字现代化领域，中国正在援助哈萨克斯坦在阿拉木图建设该国首个超级计算中心。两国将在人工智能、物联网、大数据等方面开展学术交流和互利合作。此外，中哈还将继续落实新的产能合作项目，增开中欧班列并提升其效益，促进青年交往和旅游合作，让“一带一路”倡议拉近两国民心，惠及两国人民。

（三）哈萨克斯坦对中哈关系、“一带一路”倡议的积极评价

哈萨克斯坦是中亚最大国家和第一大经济体，也是“一带一路”倡议的重要参与国家。哈萨克斯坦政府高度重视对华关系，积极支持和参与“一带一路”倡议。习近平主席提出共建“丝绸之路经济带”后，哈萨克斯坦看到了与中国开展合作的新机遇，认为倡议将给哈萨克斯坦带来新的发展机遇。托卡耶夫就任总统后会见中国驻哈大使时表示：“哈萨克斯坦是‘一带一路’倡议首倡之地，与‘一带一路’倡议有不解之缘，也因‘一带一路’倡议获益匪浅。”哈萨克斯坦是最早与“一带一路”倡议实现发展战略对接的国家。哈萨克斯坦有学者认为，共建“一带一路”倡议促进了哈萨克斯坦出口路线多元化，挖掘了过境中转运输潜力。从更深层次来说，促进了哈萨克斯坦经济政策的改变。参与“一带一路”倡议的意义在于为哈萨克斯坦经济的现代化发展注入动力。

1. “一带一路”倡议助力经济发展

哈萨克斯坦学者认为，中国提出“一带一路”倡

议十年以来，哈萨克斯坦从中获得巨大利益。[①]首先是获得了出海口。哈萨克斯坦成为“从角落到机会的海洋”的受益国。托卡耶夫在总统国情咨文中表示，哈萨克斯坦人民应最大限度地利用哈萨克斯坦加入欧亚经济联盟以及“一带一路”项目等机会扩大同中国利益的交汇点。出海口对于哈萨克斯坦这样的内陆国家来说至关重要。如果无法获得出海口，那么很难出口商品、吸引投资并确保可持续的经济增长和社会发展。哈萨克斯坦对诸如欧亚经济联盟和“一带一路”等一体化项目非常感兴趣，因为这令哈萨克斯坦能够利用海上运输进入欧洲和亚洲市场。其中，哈萨克斯坦对“丝绸之路经济带”更为重视，它从中国出发，经过哈萨克斯坦、俄罗斯到达欧洲和中东国家，是中国商品运输的替代路线。哈萨克斯坦学者认为，由于哈萨克斯坦没有出海口，因此对“一带一路”倡议中通往欧洲和亚洲市场的海上运输通道非常感兴趣。同样，对于中国来说，通过哈萨克斯坦的“丝绸之路经济带”是一扇“金门”，这种方式可以节省大量时间。例如，如果从中国海运货物到德国大约需要 40 天，那么通过哈萨克斯坦的铁路运输仅需 16—18 天。现在中欧班列

① “《Опоясанный》Казахстан. Стоит ли рубить сук, на котором мы сидим?” November 2, 2020, https://stanradar.com/news/full/42048-opojasannyj-kazahstan-stoit-li-rubit-suk-na-kotorom-my-sidim.html.

49%的铁路集装箱都是经过哈萨克斯坦境内运输的。[1]

2018年，中国与共建“一带一路”国家的贸易额超过5万亿美元，中国投资达到600亿美元。仅在2017年，中国对参与该项目的57个国家的经济体就进行了价值201.7亿美元的直接投资。截至2018年，中国在46个伙伴国家中建立了113个贸易和经济合作区，提供了29.7万个工作岗位，而支付给地方预算的税款达到28.6亿美元。哈萨克斯坦总统战略研究所前任所长苏尔丹诺夫认为：“这些国家明白，如果没有中国的帮助，乌兹别克斯坦无法修建中亚最长的隧道，白俄罗斯不会建立中白工业园，也不会在鲍里索夫市开设汽车工厂，吉尔吉斯斯坦不会重建比什凯克热电站。”[2] 苏尔丹诺夫表示，“一带一路”为中亚国家提供了发展的机会，包括货物运输和吸引外国投资。没有“一带一路”，投资者不会来到这个拥有1800万人口并且没有出海口的国家（指哈萨克斯坦），但是，如果国际运输走廊穿过其领土，那将是完全不同的事情。[3]

---

① “Что ждёт Китай и какими будут его отношения с Казахстаном?” November 24, 2022, https://qmonitor.kz/politics/4586.

② “《Опоясанный》Казахстан. Стоит ли рубить сук, на котором мы сидим?” November 2, 2020, https://stanradar.com/news/full/42048-opojasannyj-kazahstan-stoit-li-rubit-suk-na-kotorom-my-sidim.html.

③ “《Опоясанный》Казахстан. Стоит ли рубить сук, на котором мы сидим?” November 2, 2020, https://stanradar.com/news/full/42048-opojasannyj-kazahstan-stoit-li-rubit-suk-na-kotorom-my-sidim.html.

2. 中国投资注入强劲动力

哈萨克斯坦总统战略研究所前任所长苏尔丹诺夫认为，对于哈萨克斯坦来说，中国的强大只会有利于哈萨克斯坦的发展。中国已经成为世界第二大经济体。哈萨克斯坦应考虑如何在中国“一带一路”项目中获得收益。[①] 苏尔丹诺夫表示，中美日益激烈的竞争，让中国更加需要开辟新的货运通道。对于哈萨克斯坦来说通过“一带一路”实现与世界的联通至关重要。哈萨克斯坦的两个战略可以参与“一带一路”：欧亚经济联盟和“光明之路”计划。具体的合作有以下方向：一是交通通道。对于哈萨克斯坦来说，中国能提供的重要帮助是修建经哈萨克斯坦到欧洲和中东的通道，每年经哈萨克斯坦的集装箱成倍地增长（中国—哈萨克斯坦—欧洲往返）。目前经哈萨克斯坦的集装箱不到200万个。到2020年哈萨克斯坦将由此获利50亿美元。至于公路运输，哈中获利增加了2.5倍，这部分的收入将达到每年3亿美元。二是能源合作。包括油气及核能合作。中国参与修建了哈萨克斯坦一条石油管道和两条天然气管道。三是高科技及教育合作。

---

① “Казахстан все больше связан с Китаем: подтверждено проектами—Султанов8 янв.,” https://365info.kz/2019/01/kazahstan-vse-bolshe-svyazan-s-kitaem-podtverzhdeno-proektami-sultanov/.

在阿拉木图有中哈合办的计算机中心。双方在农业技术领域、生物医学、艺术等领域也有合作。中国在哈萨克斯坦的投资，将创造很多工作岗位，并增加哈萨克斯坦的预算。总之，与中国的合作有利于哈萨克斯坦的经济发展、人民生活水平的提高。①

哈萨克斯坦总统战略研究所维亚切斯拉夫·多多诺夫研究员认为，哈萨克斯坦需要中国的投资——与许多西方投资者不同，中国对哈萨克斯坦的投资是认真且长期的。试图否认这一点毫无意义，甚至是荒谬的，让中国继续对哈萨克斯坦投资对哈更为有利，也是更明智的做法。这种益处对于哈萨克斯坦国家经济和公民的社会福祉来说毋庸置疑。②

3. 中哈贸易成果丰硕

哈萨克斯坦所有商品中有 1/5 出口到中国。有 100 家企业已获准将骆驼奶等农产品出口到中国。2021 年 11 月，哈萨克斯坦—德国大学国际与地区合作研究所（NIIMIRS DKU）、中国驻阿拉木图总领馆举办中哈关

---

① "Почему Китай до сих пор боятся? Мифы и легенды о Поднебесной," https://365info. kz/2019/10/pochemu-kitaj-do-sih-por-boyatsya-mify-i-legendy-o-podnebesnoj.

② "Ущербная синофобия. Почему Казахстану не нужно бояться Китая?" November 26, 2021, https://stanradar. com/news/full/47535-uscherbnaja-sinofobija-pochemu-kazahstanu-ne-nuzhno-bojatsja-kitaja. html.

系研讨会，就中哈关系、“一带一路”在哈萨克斯坦的推动进行交流。与会的哈方学者认为，中哈经济互补性强，互利合作潜力巨大。[①]哈萨克斯坦总统战略研究所前任所长苏尔丹诺夫表示，哈中经济互补性强，双边贸易证明了这一点。1992—2021 年，双边贸易额增长了近 70 倍，从 3.68 亿美元增长到 252.5 亿美元。在哈萨克斯坦有 700 多家中哈合资企业。未来还将新建 56 家现代工业企业，价值 245 亿美元，如奇姆肯特炼油厂、扎纳塔斯风电场、阿特劳聚丙烯石化综合设施和图尔古孙水电站等战略性大型项目。

哈萨克斯坦中国研究中心主任阿迪尔·考克诺夫认为，在百年未有之大变局背景下，哈中两国展示了稳定关系的典范，系统地增加了互利合作，在经济项目中尤为明显。哈萨克斯坦向中国出口的主要是矿产品、金属和化工产品。反过来，中国向我们提供纺织品、机械、设备、金属、陶瓷和玻璃制品以及消费品。[②]同时，哈方高度重视哈农产品对华出口。2022 年，两国政府签署了 18 项双边协议，约 600 家国内小麦、牛肉、猪肉、大豆、蜂蜜、鱼类、油菜籽、苜蓿、玉米、面粉及面制品生产企业获得许可向中国市场供

① “Что ждёт Китай и какими будут его отношения с Казахстаном?” November 24, 2022, https://qmonitor.kz/politics/4586.

② “Что ждёт Китай и какими будут его отношения с Казахстаном?” November 24, 2022, https://qmonitor.kz/politics/4586.

应他们的产品。中哈开发高科技产业的工业潜力，实现基础设施现代化，并为哈萨克斯坦创造超过25000个新的就业机会。[①]

4. 能源合作贡献突出

中哈油气领域合作的主要推动力是中国的油气企业。正如苏尔丹诺夫所说，哈萨克斯坦独立以来，中国石油天然气集团有限公司（以下简称“中石油”）为哈萨克斯坦缴纳税金471亿美元，跻身哈纳税大户50强。该公司创造了3万个就业岗位（98.3%的中国石油员工是哈萨克斯坦公民），将500多名哈萨克斯坦籍学生送到中国一流大学学习（五年以上），并提供相当丰厚的奖学金。此外，中石油还为哈萨克斯坦民众提供社会救助。

中哈绿色能源合作前景广阔。苏尔丹诺夫指出，作为在哈萨克斯坦绿色能源项目的一部分，中国企业在哈萨克斯坦建造了多处设施，其中包括科斯塔奈州的一个风电场、阿拉木图州的一个太阳能发电厂、扎姆贝尔州的一个风力发电站以及东哈萨克斯坦州的托尔古苏水电站。其中许多项目正是在“丝绸之路经济带”框架内实施的，“丝绸之路经济带”是中国全球

① “Что ждёт Китай и какими будут его отношения с Казахстаном?” November 24, 2022, https://qmonitor.kz/politics/4586.

“一带一路”倡议的陆地走廊。[①]新能源建设合作大有前景。哈引入“绿色”技术的联合项目非常有益。中国在札纳塔斯、阿拉木图投资建造风力发电站。札纳塔斯发电站建成后，每年可发电多达3.5亿千瓦/时。在阿拉木图州卡斯克勒区建设了一座容量为50兆瓦的光伏太阳能发电厂，该发电厂已于2020年7月与哈电网连接并发电。

5. 物流运输获利丰厚

两国过境运输合作发展顺利，物流运输占哈萨克斯坦国内生产总值的8.1%。中哈过境和国际陆海联运取得了突出成就，还体现在双方共同开通7个永久性对口口岸、5条跨境油气管道、2条跨境铁路线和国际过境中心。由于这个项目，从中国在太平洋的港口连云港（通过霍尔果斯、阿拉木图、塔拉兹、奇姆肯特、克孜勒洛达尔、阿克托比、奥伦堡、喀山、莫斯科）到圣彼得堡的货物运输时间仅为10天，比海上航线快3.5倍。另外，哈方重建了从霍尔果斯到哈萨克斯坦南部地区（赞比勒、图尔克斯坦、克孜勒奥尔达）的阿克托别公路。哈萨克斯坦已经成为欧亚大陆

---

① “Ущербная синофобия. Почему Казахстану не нужно бояться Китая?” November 26, 2021, https://stanradar.com/news/full/47535-uscherbnaja-sinofobija-pochemu-kazahstanu-ne-nuzhno-bojatsja-kitaja.html.

之间的桥梁。中方早些时候建议沿“北京—阿拉木图—莫斯科—柏林”路线修建一条“欧亚大陆”高速铁路，全长9500千米，最高时速350千米。它的优点是仅需40个小时即可从中国到达德国，这同样将令哈萨克斯坦获得巨大利润。目前，从中国到哈萨克斯坦乃至俄罗斯、欧洲、中亚和里海地区国家的集装箱运输量正在增加，这会刺激该地区的国际贸易，并增加哈萨克斯坦的过境和物流机会。这一因素在很大程度上促成了哈萨克斯坦自由经济区“霍尔果斯—东大门”、国际边境合作中心“霍尔果斯”、里海阿克套和库里克海港、哈萨克斯坦全长约900千米的新铁路走廊，以及土库曼斯坦—伊朗和欧洲—中国西部国际高速公路的建成。

（四）高质量共建“一带一路”：中哈全方位务实合作的强劲动力

高质量共建“一带一路”和全方位务实合作是中哈关系发展的强劲动力，为两国人民带来实际利益，有力地促进了两国经济发展。推动中哈共建“一带一路”，首先充分落实中国—中亚峰会成果，推动中国与中亚国家关系再上新台阶。中国—中亚峰会成果得到包括哈萨克斯坦在内的中亚国家的高度评价，各国媒体给予了充分报道，特别是务实合作成果文件对推进双边务实合作和“一带一路”倡议具有重要意义。当前，中亚国家处于国家发展的关键时期，国际与地区形势不稳定因素增多，美国、欧盟等对俄罗斯制裁不断升级，并把制裁的“大棒”转向中亚国家，中亚国家政治稳定和经济发展受到冲击。因此，中亚国家对中国的期待进一步增强。需要通过落实中国—中亚峰会成果，进一步深化与中亚国家关系。首先，在政治上给予中亚国家坚定支持。中亚国家均处于政治改革的关键期，核心任务是保持政治与社会稳定，需要中国在维护国家主权、独立和领土完整，以及国家发展道路等核心问题上提供大力支持。其次，在经济上进一步深化与中亚国家的务实合作。考虑到中亚国家关切，积极推动基础设施建设，特别是中吉乌铁路建设，进一步扩大向中亚开放市场，特别是进口中亚国家优质农产品等。

加强保护中国在哈萨克斯坦的海外利益，构建海外利益保护联动机制。从近年来哈萨克斯坦、吉尔吉斯斯坦等国的社会动荡来看，中资企业，特别是能源等大型企业的风险在上升。在哈萨克斯坦发生“一月事件”后，托卡耶夫承诺保护外资企业和中国—中亚天然气管道安全。但是，在哈萨克斯坦处于社会变革时期，外资企业和项目仍有不少安全风险。托卡耶夫政权需要周边大国在政治和经济上的支持，中国也在向哈萨克斯坦政府强调加强对中资企业和大项目的保护力度。需借助上合组织平台和双边安全合作积累的经验，加大中国与中亚国家的安全合作，维护中国在哈萨克斯坦及中亚其他国家的人员与企业安全。

纵观“一带一路”倡议十年成果，哈萨克斯坦是“一带一路”倡议建设的重点国家。2024 年是中哈“一带一路”倡议合作的关键之年。2023 年 9 月 1 日，哈萨克斯坦总统托卡耶夫发表国情咨文，重点阐述了未来经济发展的优先方向和主要任务。哈萨克斯坦经济发展的主要目标是到 2029 年实现国内经济可持续增长 6%—7%，国民经济总规模翻一番，达到 4500 亿美元。实现这一目标需要加强国际经济务实合作。中哈加强“一带一路”合作是哈萨克斯坦经济发展的重要方向之一。2024 年还是中国的哈萨克斯坦旅游年。中哈两国元首战略引领是推动“一带一路”建设高质量发展的关键因素。中国正在以中国式现代化全面推进中华民族伟大复兴，哈萨克斯坦正在建设快速发展、欣欣向荣的“新哈萨克斯坦”。中哈都处在发展振兴的关键阶段，中哈将紧抓两国关系发展的历史机遇，以元首外交为战略引领，构建高度互信的中哈命运共同体。中哈关系已经开启新的“黄金三十年”，中哈共建高质量“一带一路”前景可期。

二　乌兹别克斯坦篇：新时代全天候全面战略伙伴关系与中乌命运共同体建设

2024 年 1 月，中乌关系升级为“新时代全天候全面战略伙伴关系”，中乌关系进入新的历史时期。米尔济约耶夫执政以来，乌兹别克斯坦高度重视对华关系，积极参与“一带一路”建设，把“一带一路”列为与推动中亚国家合作、夯实与俄罗斯关系并列的三大对外战略举措之一，希望借此扩大外交空间，利用一切外部资源，推动国内改革和经济社会发展。中乌充分发掘合作潜力，在巩固已有成绩的基础上，继续推动中乌关系平稳向前，继续推进“一带一路”高质量发展。本篇以 2016 年米尔济约耶夫执政为起点，梳理乌兹别克斯坦形势，分析中乌关系不断提质升级的动力，并展望两国关系前景。

（一）乌兹别克斯坦发展历程（2016—2023年）

乌兹别克斯坦是世界上两个双内陆国之一（即其邻国也是内陆国，另一个国家是梵蒂冈），对外贸易只能通过陆上运输。乌兹别克斯坦是中亚人口大国，多年面临就业人口过剩态势，俄罗斯、哈萨克斯坦是乌兹别克斯坦劳务输出的主要方向。乌兹别克斯坦刺激经济和解决就业问题很大程度上依赖独联体市场和全球经济的复苏。2016年米尔济约耶夫执政以来，推进的各项改革赢得民众信任、奠定政治威望，为乌兹别克斯坦在较长时间保持社会与政治稳定创造条件。

1. 2023年乌兹别克斯坦形势

政治方面，继续进行政治改革，为米尔济约耶夫继续执政完成法律程序；顺利举行修宪并保持政局高度稳定；打击腐败，进行政府班子大调整；顺利举行总统大选；强调社会治理，重视就业、减贫、青年问题，保护妇女儿童权益。经济方面，出台新经济政策，努力冲破困境；加强与中国、中东国家合作，吸引外资；推动数字技术和新能源建设，引领地区互联互通，成为中亚最具活力国家。外交方面，政策措施思路清晰，保持中亚一体化稳步推进；平衡好大国关系。重视与国际金融组织合作。总体来看，乌兹别克斯坦各项措施和政策灵活、务实，利用一切资源和条件，确保政治稳定、政权安全、改善民生、发展经济、拓展国际合作。

（1）重要政治进程及经济形势

2023 年乌兹别克斯坦成功举行新版宪法公投和总统大选。4 月 30 日，乌兹别克斯坦举行修宪公投。5 月 1 日，乌中央选举委员会公布新宪法即日生效。乌兹别克斯坦将更新后的宪法称为“人民宪法”，乌兹别克斯坦被定义为“一个合法的、社会的、世俗的、民主的国家”。5 月 6 日，乌兹别克斯坦总统米尔济约耶夫宣布 7 月 9 日提前举行总统选举。

2023 年 7 月 9 日，乌兹别克斯坦举行总统大选。10 日，乌中央选举委员会宣布，由乌兹别克斯坦自由民主党提名、“民族复兴”民主党支持的总统候选人——现任总统米尔济约耶夫以 87.5%（13625055 票）的得票率胜选。米尔济约耶夫在发表就职演说时表示，未来 7 年要持续完善立法权和行政权、建立高效治理体系、促进社会发展、鼓励创业、扩大就业、提高居民收入、发展绿色经济、解决生态环境及水资源短缺等问题。

这一年乌兹别克斯坦在国家治理方面的重点举措包括：斥资 10 亿美元建设“塔什干新城”智慧城市一

期项目。2023 年 3 月 18 日，米尔济约耶夫总统出席“塔什干新城”项目启动仪式。米尔济约耶夫表示，过去 6 年间塔什干市企业数量翻番，国家共投入 260 亿美元改善营商环境；新建多所学校、幼儿园、医疗机构、公园和体育场馆；投入运营 14 个地铁站，单日客流量超 100 万人次。当前，生活和工作在首都的居民达 400 万—500 万人，在规划城市未来时应长远考虑。为此，乌兹别克斯坦同英国、新加坡和土耳其专家制定了《塔什干市 2045 年前总体规划方案》，计划在奇尔奇克河和卡拉苏河之间建设“塔什干新城”。该项目占地 2 万公顷，将贯彻“绿色和安全城市”等城市化新理念，为 100 万名居民配备相关基础设施，创造良好生活条件。加强社区功能。设置社区“五大职位”，积极落实“安全社区”“安全街道”等理念，划拨资金支持社区建设，辅助政府在减贫、就业、青年、妇女问题方面发挥作用，维护社会稳定。根据 2022 年 12 月米尔济约耶夫签署的《关于增强社区财政能力的命令》，自 2023 年 1 月起在塔什干市、卡拉卡尔帕克斯坦共和国及其他 12 个州各选一个地区试点试行“社区预算”制度，将征收的财产税和土地税的 10% 留给社区使用。重视国防建设。在中亚国家中，乌兹别克斯坦国防力量位列第一（“全球火力”网站发布的 2022 年世界军力排行榜上居第 62 位）。适合服役年龄人口为 1350 万，每年可应征入伍 62.2 万人，现役军人 6.5 万人。乌兹别克斯坦拥有包括 58 架歼击机、20 架攻击机、13 架运输机、7 架训练机、99 架直升机和 33 架武装直升机在内的 197 架军机，以及 420 辆坦克、197 门自行火炮和 143 门多管火箭炮。2023 年，乌在原国防工业国家委员会基础上成立隶属于国防部的国防工业署以及由总统领导的国家武装力量军备委员会。继续完善军队管理体系，加快推进军队数字化建设，加强对军人及其家属的社会保障，解决军人家庭住房问题，保障军人子女接受高等教育，安排军人家属就业。

经济方面，制定多项新政策，加强区域经济合作，引领地区互联互通，经济进入快车道。2023 年 GDP 约 908 亿美元，同比增长 6%，在中亚国家中增速最快。

一是通过传统工业大项目拉动国家经济，同时推动新兴产业。设立总额 10 亿美元的工业发展基金，建成 19 个自由经济区、400 多个小型工业区，工业企业达 10 万家；启动 304 个大型项目和 3000 个地区项目，预计创造产值 10 万亿苏姆；建设“超大城市”，包括塔什干新城、撒马尔罕市和纳曼干市；修建大型光伏电站、水电站，创造大量就业岗位；发展数字基础设施，扩大高速互联网覆盖，培养数字科技人才；继续推动旅游业，包括“撒马尔罕—新乌兹别克斯坦旅游门户”“布哈拉市旅游中心”等项目。五年来，乌兹别克斯坦政府拨款 10 万亿苏姆建成 19 个自由经济区和 400 多个小型工业区，拨款 30 亿美元发展纺织、化学、建材、皮革、制药和电气行业，发现矿产地 600 处，工业企业数量达 10 万家，产量增加 40%，但各地区工业发展不平衡问题依然存在。2023 年的工业建设目标为：①为商业银行增加拨款 55 万亿苏姆用于向企业提供贷款；②投入 1.7 万亿苏姆建设工业区和落实大型投资项目，扩大“吉日杜万”和“浩罕”自由经济区面积，在卡拉卡尔帕克斯坦共和国和卡什卡达里亚州建立“乌尔古特”自由经济区分区；③自 2023 年起，为经济发展滞后的 60 个地区提供 27 项税收优惠和补贴；④向纺织、皮革和珠宝行业提供资金支持和关税优惠；⑤实施总额 60 亿美元的本地化项目，及时启动列入地方投资规划的 3000 个项目。

二是开发偏远地区，根据各地特点发展优势产业。重点是费尔干纳地区、卡拉卡尔帕克斯坦共和国。包括发展安集延州的皮革产业，促进产业集群发展；提高费尔干纳州棉花和棉织品产量，建设马尔吉兰市旅游中心；鼓励纳曼干州中小企业，该州成为中小企业聚集中心，企业数量超过 3.2 万家；推动卡拉卡尔帕克斯坦共和国工业、基础设施、市政建设，科学治理咸海生态问题。根据各地区特点发展优势产业。

三是大力吸引外资，加强与国际金融机构合作。强调经济外交，拓展对外出口市场，研究并提出新的投资项目规划，包括在教育、卫生、基础设施建设等领域制定投资方案。亚洲开发银行（以下简称“亚行”）是乌兹别克斯坦重要战略合作伙伴之一，双方实施总额为 28 亿美元的 20 多个项目，就大型项目、减贫、可再生能源、交通基础设施现代化等方面加强合作。2022 年欧洲复兴开发银行投资近 9 亿美元，在乌兹别克斯坦实施 26 个项目，乌兹别克斯坦连续三年成为该行在中亚最大投资国，欧洲复兴开发银行已向乌的 128 个项目提供了近 39 亿欧元融资。2018—2022 年，乌兹别克斯坦各产业共吸引直接外资 310 亿美元，产量增长 40%，出口额增加 50%。未来 5 年工业总产值将增长 50%，出口额达 300 亿美元，吸引外资 700 亿美元。在引资和工业发展领域主要任务和措施是：①2023 年吸引外资 110 亿美元；②加强经济外交；③2023 年年底前启动 304 个大型项目和 3000 个地区项目，预计创造产值 10 万亿苏姆；④聘用外国顾问，聚焦新兴产业，将特殊和小型工业园区转化为地区发展驱动力；⑤加快纺织、皮革、建材、电气、食品加工、制药、珠宝等行业新产品生产，吸引世界名牌入驻，拓展对外出口市场；研究并提出新的投资项目建议；⑥制定教育、卫生、饮用水供应、道路基础设施建设等领域投资方案。加强与国际金融机构合作。亚行是乌重要战略合作伙伴之一，目前双方正实施总额为28亿美元的20多个项目。讨论批准《亚洲开发银行与乌兹别克斯坦2024—2027年合作战略》问题。双方就支持和推动减贫、改善民生、推广可再生能源、交通基础设施现代化、发展私营部门等项目交换意见，商定尽快通过新的伙伴计划并实施大型项目。

四是推动新能源建设，修建光伏电站。近年来乌兹别克斯坦共实施总额5亿美元的27个水电项目，水电站总装机容量超过2000兆瓦，每年节约用于发电的天然气20亿立方米。2023年乌兹别克斯坦有17个水电项目投产，预计新增装机容量197兆瓦，8个远景项目和总装机容量为438兆瓦的50个微型水电站将开工建设。计划在费尔干纳地区建设2座600兆瓦的光伏电站，拨款2亿美元为公共设施安装太阳能系统。阿联酋马斯达尔公司从欧洲复兴开发银行、亚洲发展银行等机构融资3.96亿美元，用于在苏尔汉河州、撒马尔罕州和吉扎克州建设三座总装机容量为897兆瓦，年发电量达20亿千瓦时的光伏电站，其中撒马尔罕州和吉扎克州两座电站计划于2024年12月投入使用。上述电站建成后预计每年将节约6.2亿立方米天然气，满足超过60万户家庭用电需求。沙特国际电力与水务公司（ACWA Power）将在塔什干州和撒马尔罕州建造装机容量分别为400兆瓦和1000兆瓦的光伏电站，上述项目预计将吸引25亿美元投资，创造3000余个就业岗位，年发电35亿千瓦时，节气10亿立方米。国际金融公司向乌提供1.5亿美元融资，并为其吸引超过10亿美元的私人投资，用于实施锡尔河州1580兆瓦热电站建设项目。该电站为燃气电站，建成后将满足全国17%的用电需求。供热系统进行“气改煤”工程。2023年2月，米尔济约耶夫签署了《关于加快引进可再生能源和节能技术的总统令》。部分民生设施、建材生产企业将局部供热系统实行“气改煤”，预计可节约天然气9.26亿立方米。

五是推动数字化进程。近年来乌兹别克斯坦高度重视发展信息技术，2022年IT产业园提供了价值5万亿苏姆的服务，对外出口1.4亿美元服务，715项公共服务中的370项转为数字化办理。重点任务是提高政府部门电子化服务，提升信息技术服务出口额至10亿美元，扩大高速互联网覆盖范围，为企业提供更多数字化服务，对青年进行信息技术培训，在IT产业园建立数字金融技术中心。继续发展旅游业。包括“撒马尔罕—新乌兹别克斯坦旅游门户”“布哈拉市旅游中心”“马尔吉兰市旅游中心”等项目。2023年撒马尔罕举办了第25届联合国世界旅游组织大会。乌兹别克斯坦积极将撒马尔罕州打造成大型交通枢纽和物流集散中心，对四星级及以上酒店采购的进口商品免征关税。

社会治理与民生方面，2023 年是“关怀民众和高质量教育年”。乌兹别克斯坦强调加大保障公民各项权利、自由和合法利益力度，为儿童提供良好教育，给予退伍军人、妇女和其他弱势群体更多关怀，向科学、文化、医疗、教育等行业从业者提供更大支持。

2023 年 3 月 1 日，米尔济约耶夫总统签署命令，批准《在“关怀民众和高质量教育年”落实〈2022—2026 年新乌兹别克斯坦发展战略〉国家方案》。具体措施包括：提高行政机关办事效率，提升服务质量；大力发展“新乌兹别克斯坦”住宅楼群，为公民提供按揭贷款服务；实施社区基础设施项目；2023 年 9 月 1 日起在全国中学实施“两门外语 + 一门专业”教育模式；新建 30 所家庭诊所，增加社区移动医疗站点，为各年龄段人群开展相应疾病筛查；保障农业用水，引入数字节水技术。

重视贫困治理和就业问题。当前减贫是乌兹别克斯坦最重要的任务之一。将主管扶贫的 5 个部门整合为就业和减贫部。通过大力开展职业教育、扩大就业、支持创业、在全国范围内推广社区服务、在新宪法中将本国定位为“福利国家”等方式，成功在 2022 年将贫困率从 17% 降至 14%，帮助 100 多万人口脱贫和

230万弱势人群获得社会保障。重视就业问题，多措并举创造就业岗位。五年来，乌兹别克斯坦新增家庭120万户，企业数量达26万家。政府将通过提供创业优惠贷款、分配农业用地、在社区建立小型工业发展中心、开展失业人员职业培训等措施保障居民就业。减贫工作重点是创造更多就业机会、提高居民收入，同时鼓励企业积极为失业者提供培训和再就业；实施精准扶贫计划；全面履行国家福利政策，为弱势群体提供社会服务；增加利民项目预算，不断改善社区基础设施；实现优质教育和医疗服务全覆盖；为每户家庭量身制定脱贫方案，实施系列职业培训和创业项目；同国际社会密切开展减贫合作，在各地推广中国减贫经验。通过提供创业优惠贷款、分配农业用地、在社区建立小型工业发展中心、开展失业人员职业培训等措施保障安集延州居民就业。

重视教育。制订教育系统发展国家计划，重视外语教学、重视职业教育。推动中学教授2门外语和1门职业技能课程；实施“生活学校”计划，为中学毕业生提供职业培训和就业机会；高校和研究所加快推进产学研一体化发展，夯实节水、节能、农业种植、地质、工业、建筑等领域理论研究基础；学习国外医疗教学、数字化和医疗保险等先进经验，降低癌症、心血管疾病等致死率。

重视青年问题。乌兹别克斯坦30岁以下青年共有1900余万人，占人口总数的55%，每年有60万名青年进入劳动力市场，未来10年青年劳动力将达到100万人。解决青年问题的主要措施有：①鼓励青年创业和就业。制定“新乌兹别克斯坦青年”方案，建立“新乌兹别克斯坦青年倡议”基金、电子平台和创意园区，从“青年登记簿”基金中划拨资金用于保障职业教育和就业。推进青年融资数字化，加大支持青年创业并增强其营商能力。2022年，乌为15万名青年提供4万亿苏姆创业贷款，共创造32.5万个工作岗位。②重视青年人才培养。已在9500个社区任命青年领袖，重视青年职业管理人才培养，重点培养信息技术和新兴产业人才。举办“奥林匹克五大创新”竞赛、“文化旅行队”、联欢会、智力和体育竞赛等活动。

2. 乌兹别克斯坦重大发展战略

2022年、2023年，乌兹别克斯坦连续出台国家重大发展战略性文件《2022—2026年新乌兹别克斯坦发展战略》（以下简称“《发展战略》”）、《乌兹别克斯坦—2030战略》（以下简称“《2030战略》”），展示未来乌兹别克斯坦发展重点。

这两个战略文件有三个特点：其一，连贯性。《发展战略》是《2017—2021年五个优先发展领域战略》

的延续，制定了新时期的优先方向和未来五年改革目标。其二，全方位。两大战略涵盖政治、社会、经济、外交，覆盖各领域改革。其三，细致务实。制定了100项具体目标，如经济领域17项目标，生态问题12项目标，外交与国防领域11项目标。

2022年1月，米尔济约耶夫总统批准了《发展战略》。3月24日，米尔济约耶夫总统在出席首届塔什干国际投资论坛时阐述了《发展战略》的优先方向和未来5年的改革目标：继续确保政治经济稳定，建立高效行政体系；支持企业，降低国有经济比重，保护投资者权益；加快基础设施升级；开展高附加值产品本地化生产；投资劳动力资源；实现外贸自由化；保障性别平等；力争在5年内将GDP提升至1000亿美元、出口额增至300亿美元、私营经济占GDP比重提高至80%，于2030年超过中等收入国家水平。

在《2017—2021年五个优先发展领域战略》文件中，哈把公共行政制度改革、经济自由化改革等列为重点方向。首先，经济、行政制度领域的改革进一步深化、细化、专业化。例如，在经济领域，强调进一步推动出口导向型经济改革。在行政改革方面，进行公务员制度改革，通过引入关键绩效指标（KPI）制度要求公务员收入和财产进行强制申报；推进电子政务，各个领域都在逐步实现数字化。其次，重视民生、教育、医疗改革。最后，重视偏远地区的开发，继开发费尔干纳地区之后，《发展战略》在这一方面的重点是卡拉卡尔帕克斯坦共和国。在治理咸海问题的基础上，米尔济约耶夫总统还提出建立咸海地区生态创新区的构想，大力推动该地区的工业、基础设施、市政建设。近年来，卡拉卡尔帕克斯坦发展了药材生产，建立了药材加工企业、食品生产企业。《2030 战略》以《发展战略》为导向，进一步提升国家发展目标。

（二）中乌双边关系发展轨迹和成果

近年来，中乌两国始终坚持在涉及彼此核心利益问题上相互支持，在推进各自发展战略方面相互助力，在扩大改革开放方面互学互鉴。中乌两国高度互信，双边关系发展平稳、顺利，两国在政治、经济、安全等领域都有着许多共同利益，在联合国、上海合作组织、亚洲相互协作与信任措施会议等国际多边框架内保持密切沟通、协调立场，维护两国共同利益。双方始终保持各层级定期磋商和政治对话，就双边关系和重大国际问题及时交换意见，加深相互理解，并就双方共同关心的问题协调立场。双方坚定支持对方根据本国国情选择的发展道路，支持对方在核心利益问题上的立场，相互支持双方在国际领域提出的合作倡议。

中国—中亚峰会意义重大，元首外交引领双多边关系，中乌关系进入新时代全天候全面战略伙伴历史新时期。各层次交流务实高效，经济领域成果丰硕，地方合作成为突出亮点。规划修建多个大型光伏电站，比亚迪宋PLUS等新能源汽车在乌畅销；使用人民币结算、接入跨境银行间支付系统CIPS（人民币交易结算系统）等合作开展；截至2024年1月，在乌兹别克斯坦的中国企业已达2337家；根据中国海关统计数据，2023年中乌贸易额为140.33亿美元，同比增长44.9%。人文合作拓展新领域。中乌展开减贫合作，乌兹别克斯坦重视中国减贫经验，制定综合方案，在全国推广中国减贫模式；文化交流密切，中华优秀传统文化以多种方式展示，在乌兹别克斯坦广受欢迎；2024年1月米尔济约耶夫访华期间，在北京举行了“乌兹别克斯坦文化日”活动。中乌文化交往将进一步推动民心沟通。

1. 政治互信提至新水平

1992年2月，中乌正式建交。2005年升级为友好合作伙伴关系。2011年成立政府间合作委员会，下设经贸、能源、交通、科技、安全、人文和农业7个分委会，为统筹规划、协调指导、拓宽深化各领域合作搭建重要平台。2012年两国正式建立战略伙伴关系。

多年来，中乌两国签署了一系列协议，如1994年的《发展和深化双方互利合作的基本原则的声明》，1999年的《进一步发展友谊与合作条约》，2009年的《长期贸易协定》，2010年的《非资源和高科技领域合作规划》，2012年的《关于建立战略伙伴关系的联合宣言》，2013年签署的《中乌友好合作条约》。这些文件把中乌两国关系发展的原则和方向以条约和规划的形式固定下来，推动中乌战略伙伴关系不断迈上新台阶。

2013年中国提出建设“一带一路”倡议，时任乌兹别克斯坦总统卡里莫夫高度赞扬这一伟大的历史性倡议，认为这是复兴古代丝绸之路的重大举措。2016年，中乌关系提升至全面战略伙伴关系，政治互信和战略合作不断深化，各领域互利合作蓬勃发展。2017年5月，米尔济约耶夫总统首次对中国进行国事访问。双方就进一步加强政治、经贸、投资、石油化工、交通、通信、金融、科技、农业、文化、教育、旅游等领域的合作达成重要共识，还就共同关心的国际和地区问题广泛交换了意见，商定联手共同打击恐怖主义、极端主义、分裂主义“三股势力”。米尔济约耶夫总统表示，乌方感谢中方对乌社会经济发展的大力支持和帮助，目前双边关系已顺利进入全新的历史发展阶段，乌的繁荣与中国紧密联系在一起，乌方愿意积极参与“一带一路”的建设，促进两国之间货物、资本和人员的互联互通。

2021 年 4 月，习近平主席与米尔济约耶夫总统通电话时提出，双方应全面提升中乌合作规模、质量、水平，加强共建“一带一路”倡议和“新乌兹别克斯坦”发展战略对接，推进互联互通，深化贸易投资合作，扩大教育、文化、旅游、地方、体育等领域合作，探讨建立减贫合作机制。双方应加强执法、安全、防务领域合作，共同维护地区安全稳定。米尔济约耶夫表示，乌方将中方作为最重要、最可信赖的战略合作伙伴，坚定奉行一个中国原则，愿学习借鉴中方减贫经验，积极共建“一带一路”，持续深化经贸、互联互通、安全等领域合作。

2022 年 2 月，米尔济约耶夫总统应邀出席北京冬奥会开幕式。2022 年 9 月，习近平主席对乌兹别克斯坦进行国事访问，并出席上合组织撒马尔罕峰会。双方共同宣布在中乌双边层面践行命运共同体，确立了两国关系新定位。乌方表示将永远是值得中国信任的好邻居、好朋友、好伙伴，希望借鉴中方成功减贫经验，继续积极参与共建“一带一路”，推进中吉乌铁路建设，加强经贸、投资、天然气、新能源、农业基础设施、文化等各领域合作。2023 年 5 月，乌兹别克斯坦总统米尔济约耶夫来华出席中国—中亚峰会并进行国事访问。双方签署《中乌联合声明》，通过《中乌新时代全面战略伙伴关系发展规划（2023—2027 年）》，共同签署了优先投资项目、减贫、农产品贸易、检验检疫、地方合作等领域多项双边合作文件。10 月，乌兹别克斯坦总统米尔济约耶夫来华出席第三届“一带一路”国际合作高峰论坛。双方强调，两国发展目标相似，理念契合，应以共建“一带一路”倡议提出 10 周年为契机，在国家现代化进程中互学互鉴、相互支持、彼此成就，携手建设中乌命运共同体，为地区和平和繁荣注入更多确定性和正能量。

2024 年 1 月 23—24 日，乌兹别克斯坦总统米尔济约耶夫访华，这是 2024 年米尔济约耶夫首次出访。乌方高度重视此次访问，前期准备工作十分充分，组织了一系列配访活动：一是高级别官员先期到访。1 月 20 日，乌兹别克斯坦副外长乌斯马诺夫到华，同期，塔什干代理市长乌穆尔扎科夫抵沪进行工作访问，进行文化遗产管理和城市规划建设等方面经验交流，同中车集团、上海建工集团、吉宝电器等中方企业家代表会见，介绍塔什干发展现状和投资潜力，致力于发展两国绿色技术、智慧城建、交通、商业投资合作，签署多项投资协议，总金额达 9.7 亿美元。二是文化与教育领域活动。1 月 22—23 日，双方在北京举行了中乌教育论坛。论坛由中国教育部和乌兹别克斯坦高等教育、科学与创新部共同主办，中乌近 150 所高校代表参加。论坛期间双方签署了《中国—乌兹别克斯坦大学合作北京宣言》，将建立中乌高等教育机构交流机制，打造交流平台，成立“中乌大学协会”，推动数字教育合作发展，进一步深化两国高等教育领域合作。三是举行首届地方合作论坛。1 月 22 日，中乌首届地方合作论坛在乌鲁木齐举行，乌副总理霍贾耶夫率政府代表团、各地行政长官，中国各省市负责人以及两国相关部门和 1200 余名商界代表出席活动。双方计划签署一揽子贸易投资协议，举办“乌兹别克斯坦制造”展览。四是在北京举行“乌兹别克斯坦文化日”活动，来自乌兹别克斯坦的 300 多位艺术家奉献了舞蹈、音乐等精彩演出。

1 月 24 日，习近平主席在人民大会堂为赴华进行国事访问的米尔济约耶夫总统举行欢迎仪式。两国元首随后举行会谈。双方指出两国关系取得实质突破，各层级交往日益活跃、政治对话不断加强、在涉及彼此核心利益上坚定相互支持、首次外长战略对话成功在北京举行、议会间合作持续深化。米尔济纳耶夫诚挚感谢中国对新乌兹别克斯坦改革给予的高度评价、对两国减贫合作的大力关注和支持，呼吁中国伙伴积极参与乌兹别克斯坦国企和银行私有化进程，提议举办首届乌中青年创新论坛，再次明确乌方支持一个中国政策、打击“三股势力”的坚定立场。会谈结束后，两国元首签署联合声明，决定全面加强各领域互利合作，不断丰富中乌全天候全面战略伙伴关系内涵，并见证签署了环保、经济、旅游等领域共15份文件。1月25日，米尔济约耶夫访问广东，与广东省省委书记黄坤明共同出席中乌投资论坛，两国相关部门、地区负责人，中石油、中国化工集团、航天科工、国家能源集团、葛洲坝集团、中工国际、华为、三一新能源、比亚迪、新疆华凌工贸集团、中兴、特变电工、环球能源、国家开发银行、中国进出口银行等600余家中国大型企业高管或代表参加论坛。

本次访问的主要成果是：政治方面，中乌建立新时代全天候全面战略伙伴关系，具有重大意义。两国元首签署并发表了《中华人民共和国和乌兹别克斯坦共和国关于新时代全天候全面战略伙伴关系的联合声明》。经济方面，一是金融合作。乌方就进一步发展同亚投行战略伙伴关系、支持中亚地区重要战略基建项目、筹办银行年会等问题交换意见。米尔济约耶夫表示支持在公私合营基础上对战略性原材料深加工等重要项目增加投资，双方通过《优先领域合作计划（2026）》。乌方欢迎同中国主要银行开展投资合作，欢迎中国进出口银行在塔什干设立分行、同丝路基金建立新投资平台；乌方重视吸引中国金融机构资金用于基础设施开发、战略原材料深加工等优先领域产业合作。二是能源合作。米尔济约耶夫分别会见在乌兹别克斯坦实施地下储气设施建设和输气系统现代化项目、引进现代钻井技术以及培养石油和天然气行业的专家，扩大在道路运输和工程基建、灌溉系统现代化等领域合作平台，研究实施发展交通和社会基建、工业和私营企业新项目。在米尔济约耶夫访问广东省期间，双方签署了能源、油气、采矿、电气工程、轻工业、机械工程、基础设施建设、农业、教育、交通等领域合作协议。人文方面，鲁班工坊项目在乌兹别克斯坦落地，中乌教育论坛、乌兹别克斯坦旅游推介会、乌兹别克斯坦文化日在华顺利举行。

2023 年中乌高级别访问十分频繁。2 月 15 日，中共中央政治局委员、中央外事工作委员会办公室主任王毅在赴欧洲访问途中技术经停塔什干，与乌兹别克斯坦代外长赛义多夫举行会见，就落实两国元首共识、各层级交往安排、双方在联合国和上海合作组织等多边框架内合作等问题交换意见。3 月 26—30 日，中国新疆维吾尔自治区党委书记马兴瑞率中国新疆友好交流访问团访问哈萨克斯坦、乌兹别克斯坦、吉尔吉斯斯坦三国，就扩大中国新疆同各国地方间交流合作进行了充分沟通。其在乌兹别克斯坦期间先后访问了塔什干、撒马尔罕，与塔什干州、撒马尔罕州举行了缔结友城活动，会见有关市州负责人，举行合作项目签约仪式。11 月，中乌举行首次外长战略对话。双方就落实两国元首重要共识、加强发展战略对接进行了全面深入沟通，达成广泛共识，并共同宣布建立两国外长战略对话机制。11 月，乌兹别克斯坦纳沃伊铀业公司同中核集团签署铀产业战略合作备忘录。两国地方政府代表团互访，就贸易、投资、教育、农业等领域的合作展开交流，并签署大量合作文件。

2. 务实合作取得新突破

当前中国是乌兹别克斯坦第一大进口来源国、第二大出口目的地国和第二大贸易伙伴。2022 年，中乌双边贸易额达 89.2 亿美元，同比增长 19.7%，占乌兹别克斯坦外贸总额的 17.8%。当前中乌经贸合作的突出优势是：

贸易与投资迅速发展。乌兹别克斯坦多年来努力形成出口导向型经济模式，在与中国合作过程中寻找适宜的方式，包括贸易、投资、基础设施项目。2016—2020 年，据乌方数据，中乌贸易额年增长率约为 17%。中国成为乌兹别克斯坦的主要贸易伙伴。中国对乌兹别克斯坦经济的投资额急剧增加，主要在交通运输项目、能源领域以及包括水泥生产在内的一些建筑行业进行投资。中国特别重视支持中亚水电站建设，不仅提供资金支持，还提供技术支持。近年来，乌兹别克斯坦在“营商环境”排名中上升了20多位。乌兹别克斯坦正在发展工业——中国可以为乌兹别克斯坦企业提供最新技术。乌兹别克斯坦的农业和工业产品吸引中国。乌兹别克斯坦作为中亚农产品和食品的主要生产国，近年来积极推动向中国出口农产品，包括绿豆、葡萄干、花生、新鲜或加工水果、蔬菜或坚果。近5年来蔬菜和水果出口到中国的数量增长了近20倍。此外，乌兹别克斯坦50%的纱线、30%的铜、26%的油气、90%的蚕桑废料出口到中国。乌兹别克斯坦的各种皮革和毛皮在中国也有很大的需求。

道路联通是中乌合作的重点，有力地促进乌兹别克斯坦从“陆锁国”转变成“陆联国”。中企承建的中亚第一长隧道“安格连—帕普”铁路隧道顺利贯通，结束当地民众出行需要翻山越岭或绕行他国的历史，见证中国速度和质量的“双丰收”。中吉乌公路正式通车成为跨越高山、畅通无阻的国际运输大动脉。中国—中亚天然气管道4条管线路线全部过境乌兹别克斯坦，树立了睦邻友好的合作标杆。中亚班列贡献突出，2023年4月首列喀什至塔什干的中亚班列正式运行，全程4500千米，运输时间12天。这些新增线路和新增运输方式进一步挖掘了中国与中亚国家过境运输的潜力，也为进一步拓展贸易创造了有利条件。

中国积极推动“一带一路”倡议同《乌兹别克斯

坦—2030 战略》对接，致力于打造结构更为优化、内涵更为丰富的务实合作新格局。纳沃伊氮肥股份公司聚氯乙烯生产线项目、沙尔贡煤矿现代化改造项目、巴什和赞克尔迪风电场项目等，不仅助力乌兹别克斯坦工业现代化，更切实地提升了当地民众福祉。目前 2000 余家中国企业在乌兹别克斯坦开展业务，从事能源、化工、基础设施、工业园区、农业、电信、纺织和水利灌溉等产业。双方计划进一步创新产能合作模式，推进相关项目合作，将两国经济互补优势切实转化为合作成果。2023 年，首届“中国 + 中亚五国”产业与投资合作论坛和中乌商务论坛接连成功举办，充分体现中乌高水平、全方位和多领域的务实合作。中国积极鼓励有实力、有信誉的企业，本着市场化、商业化原则扩大对乌兹别克斯坦投资合作，同时加大乌兹别克斯坦优质农产品的进口。

多年推动的基础设施和产能合作项目在 2022 年有新突破。中国能建集团在乌兹别克斯坦签署了 8 个合作项目，总金额超过 100 亿元人民币，包括新能源、建筑、工业园区、建材、油气管道等领域。河北省东光化工公司在吉尔吉斯斯坦采用 BOT 模式建设了第一个也是唯一一个化肥厂。除此之外，中铁五局海外分公司也承建了塔吉克斯坦的铁路建设项目以及中塔合资锑金矿项目投产，这些项目都取得了非常好的业绩，也拉动了中亚国家的经济增长。

中国大型企业代表访问乌兹别克斯坦。2023 年 4 月 17—18 日，中国国家电网国际发展有限公司总经理于军、中信集团农业部副总经理王一波、中国湖北复兴科技有限公司代表分别访问乌兹别克斯坦，与乌兹别克斯坦能源部部长、农业部部长、工商会主席等会见。双方就加强乌兹别克斯坦电站设计、建造和运维工作等签署协议；中方计划在锡尔河州投资 5000 万美元建设一座大型农业物流园；双方就乌兹别克斯坦教育、服务和住宅建设领域投资项目和外企在乌兹别克斯坦享受的优惠政策等问题交换意见。

根据乌兹别克斯坦统计署网站 2023 年 9 月 11 日数据，截至 2023 年 9 月 1 日，在乌兹别克斯坦共有外资企业 12750 家，其中，俄罗斯企业 2849 家，占比 22.3%；中国企业 1929 家，占比 15.1%；土耳其企业 1719 家，占比 13.5%；哈萨克斯坦企业 949 家，占比 7.4%；韩国企业 696 家，占比 5.5%。

2023 年中国与乌兹别克斯坦在经济领域的重要合作包括：

一是合作修建多个大型光伏电站。2 月 15 日，乌兹别克斯坦能源部部长米尔扎马赫穆多夫访华，其间同中国能源建设股份有限公司签署关于在卡什卡河州、布哈拉州和撒马尔罕州建设总装机容量为 2000 兆瓦的光伏电站的谅解备忘录；同中国华能新能源股份有限公司和保利集团有限公司签署关于在吉扎克州和塔什干州建设总装机容量为2000兆瓦的光伏电站的合作协议。中方公司将向乌兹别克斯坦投资20亿美元，首批发电机组将于2023年年底投产，2024年满负荷运行，年发电量达50亿千瓦时，预计将节约13亿立方米天然气。

二是建成中乌首座涡轮机。6月2日，新疆金风科技股份有限公司在乌兹别克斯坦纳沃伊州建设的500兆瓦风电项目首座4.7兆瓦涡轮机建成，双方在该项目框架内将建设111台风力涡轮机。

三是举行中乌商业论坛。11月20日，中乌商业论坛在广州举行，来自两国的300多家大企业代表与会并建立联系，讨论实施新的联合投资项目，活动期间还签署了多项协议和谅解备忘录。

四是中国电建在乌兹别克斯坦400兆瓦光伏电站项目开工建设。9月，中国电建国际集团有限公司400兆瓦光伏电站项目在安集延州“新安集延区”开工建设。该项目占地700公顷，总投资3.3亿美元。一期工程100兆瓦计划于2024年4月1日投入使用，后续工程将于2024年年底竣工并投入运营。项目建成后，年发电量7亿千瓦/时，节约天然气2.12亿立方米，减少有害气体排放量29.4万吨，并可满足该州1/3的电力需求。电力专家表示，发展可再生能源有利于完善电力能源市场竞争机制，解决该州偏远地区电力供应问题。

五是比亚迪将在乌兹别克斯坦扩大生产。1月23日，乌兹别克斯坦国家汽车公司（UzAuto）和中国比亚迪股份有限公司成立合资企业，负责进口及在乌兹别克斯坦生产和销售比亚迪新能源汽车。该公司成为比亚迪首家海外合资企业。比亚迪汽车于2023年2月在塔什干市开设4S店，正式在乌兹别克斯坦销售宋、汉和Chaser等型号新能源汽车。9月26日，比亚迪集团总裁王传福率团访乌，会见米尔济约耶夫总统，其支持比亚迪股份有限公司在乌扩产计划，双方就尽快落实合资项目，实现汽车零部件在乌兹别克斯坦本地化生产以降低生产成本，向第三国出口汽车，向乌兹别克斯坦提供比亚迪电动公交，在乌兹别克斯坦建立工程技术服务中心等问题交换意见。比亚迪集团同乌兹别克斯坦投资、工业和贸易部签署在乌兹别克斯坦投资生产电动和混合动力汽车协议，由Uzavtosanoat公司和比亚迪公司合资在吉扎克开设“比亚迪乌兹别克斯坦工厂”，计划一期项目生产5万辆，二期生产30万辆。该合资工厂系比亚迪股份有限公司在海外的第一家合资企业。

六是联合生产建材。9月26日，乌建筑材料工业发展委员会主席安纳克里切夫率团访华并会见中国建材集团有限公司总裁魏如山，双方就实施建材生产合作项目等问题交换意见，指出双方合作将有利于扩大乌建材行业外资规模、发展现代技术。

3. 人文交往迸发新活力

两国高校、智库、媒体、艺术、考古、卫生等各界密切交流。教育展、研讨会、文艺演出、时装周、电影日等各类活动丰富多彩。孔子学院在塔什干和撒马尔罕蓬勃发展，培养了大批汉语人才和文明使者。花刺子模州历史文化遗迹修复顺利完成，明铁佩遗址、康居文化等考古合作方兴未艾。

中乌文化部门和文化艺术机构签订一系列合作协议，为两国文化艺术共同发展奠定合作机制。中乌举办一系列“文化节”“文化日”等活动，包括文艺演出、电影展、图书展、摄影展、民俗展、文物展等形式。中乌同为丝绸之路上的重要国家，开展旅游合作有广泛需求和坚实基础。双方在旅游合作领域签署多份协议和备忘录。随着乌兹别克斯坦对中国公民实行10天免签，中乌两国旅游合作蓄势待发，规模将进一步扩大。

两国签署多个教、科、文、卫领域合作文件。双方各高校之间互相签订合作协议，在地区和国际问题研究、人才培养等领域展开了全面合作。中方成立乌兹别克斯坦研究中心，中央民族大学、北京外国语大学和上海外国语大学等中国院校开设乌兹别克语课程；乌方塔什干国立东方学院开设汉语系，世界语言大学等高校及中学设立汉语课程；塔什干孔子学院作为全球首个签约孔子学院，每年招收超过350名学生。特别是聚焦职业教育国际交流，采取学历教育与职业培训相结合方式的鲁班工坊成为架起促进中乌民心相通的又一桥梁。2022年7月，天津海运职业学院与塔什干国立交通大学在线签署在乌鲁班工坊建设合作谅解备忘录；10月，中国能建首个海外“鲁班工坊课堂”在塔什干国立交通大学揭牌成立，成功搭建中乌职业教育国际交流合作的新平台。

中国真诚分享在对外开放、减贫、反腐等领域的成功经验，支持乌兹别克斯坦走出符合本国国情的现代化道路。当前，乌兹别克斯坦将贫困问题视为阻碍发展的最大掣肘之一。2023年5月，米尔济约耶夫总统指示乌兹别克斯坦就业和减贫部借鉴中国经验，“一州一策”试点推广中国减贫经验。他强调，中国减贫经验丰富，可借鉴中国经验，制定综合减贫方案，帮助乌兹别克斯坦14个地区脱贫，重点改善贫困地区交通运输、能源、通信和旅游基础设施，推动中小城市发展和社区工业化，视情于2024年在全国推广中国减贫模式。计划2023年年底从中国引进10个高效益农业项目，同中方合作培训全国9445名社区区长助理并派遣200名表现优异者赴华进修。中国派出多个代表团赴乌兹别克斯坦分享中国经验，为其量身定制减贫方案，并多次邀请乌方代表访华实地调研，为乌兹别克斯坦减贫事业发展注入新动能。

中乌卫生合作成效显著。为落实两国元首达成的合作共识，2021年8月，中乌两国联合举办了医药领域投资项目线上对接会。双方就投资制药项目、投资政策、中医药的使用等问题交流了看法。2021年中乌首批联合生产的疫苗投产下线。中国医疗专家组在布哈拉市开展健康列车“光明行”活动。2023年4月，中国医疗专家组为200余名白内障患者免费实施手术。“光明行”活动还在撒马尔罕市进行，有500多位患者重见光明。

中乌加强联合考古与科学研究。2023年9月5日，中国西北大学与丝绸之路国际旅游与文化遗产大学共建的中国—中亚人类与环境“一带一路”联合实验室（撒马尔罕）、中乌科技考古与文化遗产保护国际联合实验室正式成立。实验室配备36种类型90台实验室设备，总成本超过15亿苏姆。乌兹别克斯坦气候变化和生态环保部部长阿卜杜哈基莫夫指出，中方提供的设备独一无二，乌迄今还没有类似设备。中方还将同乌兹别克斯坦共同培训年轻的考古学家和各类专家。阿卜杜哈基莫夫强调，中方高度重视两国关系发展，大力推动科学和教育领域合作。目前，中国专家在撒马尔罕、苏尔汉河和卡什卡河地区进行考古发掘。这里已发现了多件2000多年前历史文物，包括珠宝、武器、陶瓷器皿碎片等。中乌举行联合考古展。2023年9月28日，“一带一路”文物考古合作展在北京故宫博物院开幕，来自中国、乌兹别克斯坦、哈萨克斯坦和阿联酋的80多个博物馆展品展出。展览分为多个板块，反映丝绸之路上各民族文化艺术发展的各个阶段。在乌兹别克斯坦文化艺术发展基金会的支持下，展出乌兹别克斯坦国家历史博物馆和乌兹别克斯坦科学院艺术史研究所收藏的18件展品。

（三）乌兹别克斯坦对中乌关系、“一带一路”倡议的积极评价

1. 乌兹别克斯坦国内对中乌关系的看法一直保持积极正面

乌兹别克斯坦高度重视对华关系，积极参与“一带一路”建设。特别是中国在开展对外经济合作中不附加任何政治条件，不干涉别国内政的做法备受乌方赞赏。米尔济约耶夫总统多次表示，当前乌中均处于

实现民族复兴和现代化的关键阶段。深化乌中合作是两国领导人顺应世界大势、回应人民期盼，着眼未来作出的战略抉择。

乌方认为，“一带一路”倡议符合乌中两国的共同需要，在此框架内，两国不但可以促进经贸往来，更能巩固人民间的友好关系，共同促进中亚地区的和平、稳定与发展。乌方愿以共建“一带一路”为契机，进一步巩固和发展乌中全面战略伙伴关系，密切两国各领域、各层级交往，以“一带一路”建设为主线，深化经贸、投资、产能、石化、基础设施、农业、电力、水利、教育、文化等各领域的合作。

乌方感谢中方坚定支持乌兹别克斯坦走符合本国国情的发展道路，认为这充分体现乌中之间高度的政治互信和高水平的相互支持。乌方坚定不移地支持一个中国政策，支持中国维护自身的核心利益和重大关切，支持中方在打击“三股势力”方面的立场，愿与中方在上海合作组织等多边框架内加强协调配合，把两国关系推向全新的发展水平。

乌兹别克斯坦专家对“一带一路”态度积极客观，提出以下观点：一是中亚国家对“一带一路”的态度从谨慎观望转变为积极参与。乌兹别克斯坦前总统顾问塞弗林认为，在“一带一路”初倡时期，中亚国家态度谨慎，认为这一倡议仅仅具有政治抽象意义，随着中国政府对“一带一路”的解读、具体规划的陆续出台、大项目的具体实施，当前中亚国家对“一带一路”均非常积极，“一带一路”已成为中国与中亚国家关系中的重要因素。二是认为“一带一路”的总体特点是共同发展、互利共赢。乌兹别克斯坦原经济研究中心副主任罕霍扎耶夫认为，“一带一路”为沿线各国创造平等条件，所有国家都可以合作共赢，共同拥有广阔市场。“一带一路”不谋求经济霸权，是世界新经济秩序的起点。

2. 乌兹别克斯坦将与中方的务实合作视为本国经济发展重要外力，提出新的合作诉求

一是希望成为跨欧亚交通与物流通道的南线枢纽。近年来，在“一带一路”倡议的推动下，中俄、中哈俄、跨里海东西贸易与运输走廊、中巴经济走廊建设逐步推进。乌兹别克斯坦升级交通基础设施，提升物流管理体系，希望早日建成中吉乌铁路项目，在多条跨欧亚交通与物流线中占有一席之地。与经过俄罗斯、哈萨克斯坦的物流线相比，乌兹别克斯坦的优势在于，冬季气温稍高，有利于运输电子产品；从中国经乌兹别克斯坦进入欧洲距离比俄罗斯、哈萨克斯坦线路缩短约1000千米。此外，南线可把阿富汗纳入物流运输线路，推动阿富汗经济社会发展，为稳定地区局势提供新选项。

二是吸引中方资金技术大力发展工业。乌兹别克斯坦政府加强对外宣介，努力引进外资和技术；重视非国有经济成分，改善国内营商环境。希望与中国合作，建立类似中白“巨石”工业园的中乌产业园，在中方资金和技术支持下，推动基础设施现代化改造。希望中国加大对乌投资，如化学、煤炭、建筑、电力、农业和制药等行业的新项目，构建数字经济与实体经济融合发展的产业格局，提升经济活力和商品竞争力。

三是扩大对华商品出口。乌方认为，乌兹别克斯坦农产品和矿物原料具有一定的国际市场竞争力。希望扩大对华出口棉花、棉织品、桑蚕品、水果等，进一步扩大与中国的天然气合作，也希望向中国扩大矿产品出口。乌兹别克斯坦认为，中吉乌联通运输为乌兹别克斯坦高附加值商品进入中国市场提供了重要机遇。

四是力推旅游业。乌兹别克斯坦历史文化遗产较多，且保存尚好，旅游资源十分丰富。振兴旅游业已经成为乌兹别克斯坦对外合作的重点。乌兹别克斯坦希望中国积极参与乌兹别克斯坦旅游业开发管理，帮助乌兹别克斯坦挖掘旅游资源，发展旅游文创产业，在改善旅游基础设施、提升游客流量等方面加强交流，培育新的经济增长点。

五是扩大科教文化交流。乌兹别克斯坦主流高校大多均开设汉语、中国文化、中国经济等相关课程。乌兹别克斯坦基础科学底子较好，科研能力较强。乌兹别克斯坦希望与中方在基础设施技术、能源技术、建材技术等领域开展深度合作，同时扩展至防止荒漠化、绿色农业等领域。

（四）新质生产力：探索中乌合作提质赋能新发展

在新时代全天候全面战略伙伴关系框架下，构建中乌命运共同体，对于中国在整个中亚地区的合作、中国—中亚命运共同体建设具有重要意义。应进一步加强共建“一带一路”倡议与乌兹别克斯坦经济工作重点的契合度，继续挖掘经贸合作潜力，扩展商品贸易种类，提升双边贸易规模，拓展产能、投资、工业园区、基础设施建设等领域的合作，推动中乌合作再上新台阶。

继续深化政治互信，支持乌兹别克斯坦走符合本国国情发展的道路。继续明确表态支持乌兹别克斯坦维护主权、独立、领土完整，坚决反对任何势力以任何借口干涉乌兹别克斯坦内政。强调两国都处在改革和发展的关键阶段，中国正在全面推进中国式现代化，乌兹别克斯坦在全面建设“新乌兹别克斯坦”，两国都面临国际风云变幻的考验，应深化全方位合作，构建中乌命运共同体，共创美好未来。

利用乌兹别克斯坦在欧亚地区“一带一路”建设的中心区位，探讨建立中国—中亚国家产业集群和经贸合作新业态。以往在全球供应链布局中，中国依托“一带一路”框架，长期扮演连通欧美发达国家和欧亚国家的枢纽角色。当前应顺应全球供应链再区域化的趋势，利用乌兹别克斯坦与所有中亚国家接壤的区位优势，构建中国—中亚国家产业集群：一是发挥制造业优势，形成上中下游集群，实现整个生产链条的区域化；二是促进同类产品、企业扎堆形成集群，增强产业韧性，确保整体平稳发展。高度重视通过数字赋能培育经贸合作新业态，尝试循序渐进推动：一是启动数字签字、自动登记和绿色通关等，提升贸易便利化水平；二是重视网络空间的市场价值，推动跨境电商与市场网络相结合；三是发展“互联网+”，促进虚拟市场与实体经济相结合（“云端”旅游等）。

落实经贸投资中长期合作规划，推动重点领域合作，实现双边贸易合作提质升级。开拓发展思路，继续优化中乌贸易结构。乌兹别克斯坦积极寻求对华商品出口种类和规模的突破，特别是农产品出口发展潜力巨大。针对双边贸易仍存在商品结构单一的问题，中国应借乌兹别克斯坦扩大出口契机，继续优化商品贸易种类结构，不断拓展新的合作方式与领域，进口更多乌优质产品，实现多元化发展。发挥比较优势，扩大与乌兹别克斯坦的经贸合作。与俄罗斯相比，资金、技术、市场是中国吸引乌兹别克斯坦的优势所在。重点加强新能源、创新、地方、旅游等领域合作，将乌兹别克斯坦纳入中国对外旅游市场业务，鼓励国旅、中青旅等国有企业进一步开拓乌兹别克斯坦旅游市场。推动建设地区粮食枢纽工程，通过推广新型农业数字和绿色技术（如新型水利和灌溉技术），切实提升乌兹别克斯坦的粮食产量和储量，加快实现粮食贸易结构多元化，保障粮食安全。鼓励中企在乌兹别克斯坦建立仓储基地，发展电子商务。发展数字贸易，推动数字基础设施建设，在新兴产业，如人工智能、大数据、5G 和生物经济等领域加强合作。结合乌兹别克斯坦应对气候变化的迫切需求，推动中乌共同开发可持续能源，保护地区自然资源和生物多样性。

继续加快交通和信息基础设施建设，推进互联互通。一是将中乌合作与中巴经济走廊建设相结合。乌兹别克斯坦希望打开国际过境渠道，继续借助瓜达尔港和卡拉奇开展贸易活动。中国可考虑将乌兹别克斯坦向南亚的发展意愿、阿富汗问题与中巴经济走廊三者联系起来，精心设计重点项目，连通交通运输和物流通道。二是加快提升乌兹别克斯坦管道运输能力，加速跨境基础设施建设，推广现代化的管理和运营模式，切实提升过境运输能力。

加强人文领域合作，促进民间交流与友谊。积极推动双边人文交流，注重务实合作项目落地前的人文环境培养。一是继续办好中国研究中心、孔子学院等机构，加快互设文化中心和鲁班工坊建设。推广汉语教学，积极搭建“汉语 + 专业”跨学科教学平台。充分发挥各类奖学金的激励作用，吸引更多乌兹别克斯坦优秀青年来华留学。主动发现具有潜力的乌兹别克斯坦籍在华留学青年，提升综合素质，促其成为推动中乌合作的生力军。智库、高校、央企在这项工作中应发挥更大作用。二是鼓励中国“双一流”高校积极开展与乌兹别克斯坦的高校合作，探索在乌兹别克斯坦开设分校、联合培养项目等合作模式，建立稳定的双边师生互派机制。三是加强高质量的智库交流，发挥好中国社会科学院国家高端智库的“一轨半”“二轨”外交作用，与乌兹别克斯坦智库联合举办学术活动，议题除了双边关系、地区安全、务实合作，可重点增加国家治理、包容性发展等内容。针对乌兹别克斯坦希望学习中方先进发展经验的要求，可举办针对性强的论坛和国际会议。四是在地区合作方面，充分发挥新疆在开展对中亚合作方面的桥头堡作用，助力新疆实现稳定和发展并行的新发展定位。推动免签政策全面落地，推动地区间旅游合作。五是加强卫生领域合作。中乌传统医学中心已成为中乌医学合作的重要成果和载体。应在疫苗生产与研发、专家会诊与治疗、传统医药应用和医疗器械与物资采购、人员培训等方面继续保持密切合作。开发新的、具有综合性及跨领域特点的合作方向，如智慧医疗合作。智慧医疗涵盖人工智能、传感技术、物联网等新数字技术，中国的智慧医疗已处于世界先进水平。中乌可通过智慧医疗这样的综合性项目合作，提升乌方信息基础设施、数字技术、数字医疗、专业人员培训水平，并可为劳动就业、减贫扶贫等提供新思路。

加强现代化建设、减贫方面的经验交流。以顺应乌兹别克斯坦高层迫切改革的愿望为契机，向乌方宣介中国改革开放的经验。定期组织乌兹别克斯坦政府中高层管理干部来华培训，年龄段以中青年为主，采取理论与实践相结合的方式，实地调研学习中国改革开放的路径、重难点及解决办法。同时，定期派专家赴乌兹别克斯坦，与乌方共同举办学术研讨会，为乌兹别克斯坦参与“一带一路”建设、提振国民经济提供咨询。尤其在吸引外资、利用外资、留住外资方面，乌方可在很多方面借鉴中国经验。结合乌兹别克斯坦减贫和增进民生福祉的愿望，加强减贫经验交流与合作。乌兹别克斯坦希望通过保持经济高速增长来缓解国内需求下降，解决就业和贫困等问题，有意赴中方脱贫攻坚重点地区实地调研。鉴于中国在减贫工作方面取得全世界瞩目的成绩，可促成双方基层减贫工作者交往与分享经验，为乌兹别克斯坦减贫工作提供重要理论和实践借鉴来源。

加强多边平台和安全领域合作，为维护地区稳定和安全贡献力量。上海合作组织自成立以来，秉持“上海精神”，现已成为涉及人数最多、范围最广的区域性综合组织。安全、经济和人文合作是上合组织多边合作的核心内容。“一带一路”的合作理念与上海精神相通，上合组织与“一带一路”倡议在欧亚区域一体化中均扮演着重要角色。上合组织是推动“一带一路”合作的重要平台，“一带一路”为上合组织发展创造了更多现实机遇。上合组织探索区域合作新模式，有助于深化“一带一路”建设，提升地区国家合作水平。共建“一带一路”倡议同时也为上合组织成员国间发展提供更多可能。可继续通过上合组织人文合作机制宣传“一带一路”共商、共建和共享的精神内核，并通过上合组织的政治合作为“一带一路”项目提供政治支持和保障。加强上合组织的安全合作，不断提升其作为平台推动“一带一路”建设的实力和维护“一带一路”项目安全的能力。重点是防范“三股势力”等非传统安全威胁。上合组织有必要探索建立应对成员国国内动荡、本地区冲突、周边国家风险外溢的机制，加强成员国与观察员国、对话伙伴国之间的安全协调与合作，制定协调成员国之间分歧与矛盾的机制，避免成员国之间矛盾扩大化，危及其他成员国和上合组织发展。借助上合组织的安全合作机制和成员国的安全力量为“一带一路”项目保驾护航，切实维护中国驻外项目、人员和财产安全。

2024 年是中乌关系发展史上具有里程碑意义的一年。双方共同将中乌关系提升至新时代全天候全面战略伙伴关系的新高度，宣布构建睦邻友好、共享繁荣的中乌命运共同体，中乌关系已迎来最好的历史时期。

三　吉尔吉斯斯坦篇：创造发展新机遇

吉尔吉斯斯坦与中国相邻，两国有着约 1100 千米边境线。吉尔吉斯斯坦还是上海合作组织创始成员国，“一带一路”倡议中亚核心区的重要参与国。中吉 1992 年 1 月 5 日建交以来，吉尔吉斯斯坦历届政府把发展对华关系视为外交优先方向之一，一贯在核心问题上支持中方立场，坚持互相尊重和平等的原则与华开展合作。吉尔吉斯斯坦 2005 年和 2010 年经历两次政权非正常更迭，两国关系依然保持积极健康发展势头。中方提出“一带一路”倡议后，吉方积极响应，在国家战略层面深入对接。两国经贸合作迎来新局面，能源、交通和农业等领域的合作成果显著，推动两国睦邻友好合作关系迈上新高度。中国多年来保持吉尔吉斯斯坦第一大贸易伙伴国、第一大投资来源国和第一大债权国地位。本篇以 2021 年扎帕罗夫当选总统、吉尔吉斯斯坦政局趋稳为起点，梳理近两年来吉尔吉斯斯坦形势，分析中吉两国在“一带一路”框架内务实合作的优势及未来两国务实合作的前景。

（一）吉尔吉斯斯坦发展历程（2021—2023 年）

吉尔吉斯斯坦独立后经历两次非正常政权更迭，选出 5 位总统，前两位“被赶到国外”，更换 20 余任总理。吉尔吉斯斯坦成为中亚地区最不稳定的国家。2021 年扎帕罗夫当选总统后，吉尔吉斯斯坦政局趋稳，但国内抗议活动仍不断发生，控局任务仍较艰巨。

1. 政治形势

（一）政治体制由议会总统制回归总统制。经历两次政权非正常更迭后，吉尔吉斯斯坦决定走议会总统制道路，希望把独立以来积累的问题在议会内部解决，但议会总统制并未实现国家的长治久安。因此，扎帕罗夫执政后决定将国家政治体制改回总统制。

2021 年 1 月 10 日，吉尔吉斯斯坦举行总统选举和全民公决，共有 18 名候选人角逐总统宝座，最终扎帕罗夫以 79.2% 得票率当选吉尔吉斯斯坦新一任总统。1 月 28 日，举行了总统就职仪式。上任后，扎帕罗夫进行了一系列人事调整，强化总统权力，从议会制重新向总统制过渡。2021 年 2 月 3 日，扎帕罗夫签署命令，任命乌鲁别克·马里波夫为总理，宣布新内阁其他成员就职。吉尔吉斯斯坦新内阁进行大幅调整，去掉副总理等职务，只保留第一副总理职位。经济部和财政部合并，卫生部和社会发展部合并，同时重新设立此前取消的国防部、能源和工业部两个部门。

2021 年 4 月 11 日，吉尔吉斯斯坦举行全民公决和地方议会选举。全境 2483 个投票站分布在 448 个城市和 2273 个农村，开始投票选举地方议会和就新宪法修正案进行全民公决。超过 330 万名选民登记参加地方议会选举投票，选出 28 个市议会的 796 名议员和 420 个村议会的 7560 名议员。此次地方议会选举斗争非常激烈，其原因有三：一是吉尔吉斯斯坦处于从议会制向总统制过渡的时期，议会选举给权力重新分配提供了契机；二是近年吉尔吉斯斯坦的党派之争、地域之争更加激烈；三是由于本次选举削减大量席位，从 120 席减少到 90 席，此后的选举进入议会将更难。根据吉尔吉斯斯坦议会网站此前发布的新宪法草案，吉国家政体将由议会制过渡到总统制。草案建议设立具有协商和协调职能的人民代表会议，就国家社会发展方向等问题建言献策。草案还建议将议员人数从 120 人削减至 90 人。

独立以来，吉尔吉斯斯坦各党派从未有为争取议席而发生过如此激烈的竞争。注册的候选人是独立以来人数最多的一次，根据吉尔吉斯斯坦中央选举委员会公布的数据，18772 名候选人注册竞争 7560 个席位，其中 5300 名是女性。通过政党登记的候选人有 63 名，其余均为自我提名。为了追求得票率，各政党作出了各种各样的承诺。例如，扎曼达什党承诺在全国范围内安装 5G 设备，并大力开发 IT 技术。“吉尔吉斯斯坦——一个没有监狱的国家”成员指出，该党为议会选举进行了充分准备。“吉尔吉斯斯坦祖国党”许诺发展该国的经济，并竭尽全力打击国家腐败行为，还承诺将在一年内为比什凯克市吸引 10 亿美元的投资。由比什凯克市前市长图列耶夫领导的“阿克巴塔”党计划建立一个垃圾回收厂，而图列耶夫本人则表示，将特别关注老年人，将每月增加其退休金；每天向养老金领取者免费分发面包；为需要住房的医生、教师和老百姓提供住房。政治学家玛玛托克托罗夫表示，吉尔吉斯斯坦的政客习惯于许下诺言，但很少有人在选举后遵守这些诺言。政治分析家萨利耶夫指出，对席位激烈争夺的原因在于，对于精英人士来说，进入议会可以解决其面临的财务问题。在 4 月 11 日举行的全民公投中，多数人支持修改宪法。吉尔吉斯斯坦从议会总统制又改为了总统制。在这种情况下，议会将失去原有意义。此外，原定于秋季举行的选举采取单一选区制，宪法草案还建议将议员人数从 120 人削减至 90 人，这意味着通过合法选举进入议会将变得更加困难。

（二）边界冲突严重影响政治稳定。扎帕罗夫执政后，着力解决影响国内社会政治稳定的边界问题，成立以副总理、国家安全委员会塔西耶夫为首的边界问题领导小组，积极推进与塔吉克斯坦的边界谈判，并取得实质成果。2022—2023 年吉尔吉斯斯坦政局基本稳定，未发生大的动荡，扎帕罗夫政权控局能力不断提升。

2022 年吉尔吉斯斯坦共发生 20 起边境冲突，其中吉塔边境发生 18 起，吉乌边境发生 2 起。2022 年吉塔两国边境冲突的特点有二：一是半年之内发生四次规模较大的冲突，分别是 1 月、3 月、4 月、7 月，是较往年罕见的情况；二是冲突均属军事冲突，在边防士兵之间发生交火，并且一次比一次严重。吉塔边境冲突对中亚地区稳定有重大影响，这一问题可能由非传统安全冲突转向传统安全领域。

2022 年 9 月 14—17 日，吉尔吉斯斯坦和塔吉克斯坦边境地区发生严重军事冲突。9 月 19 日，双方签署了关于稳定边境局势和建立两国和平的议定书。9 月 25 日，双方签署了关于停止两国边境冲突议定书。此次冲突事件有以下特点：一是相当于一场小规模的战争，拥有重型武器的正规部队参加了战斗，此次事件性质已由原来的非传统安全冲突转变为传统安全冲突，是 2022 年中亚重大政治安全事件。二是伤亡严重，波及面广。吉方称冲突造成 62 人死亡、198 人受伤，巴特肯冲突地区疏散了超过 13.6 万人。塔方宣布死亡 38 人（其中平民 36 人），20 人受伤。三是冲突中双方舆论战不断升级，相互指责事件源起于对方。

中亚国家独立后，由于历史原因，中亚国家边境地区时有摩擦事件。根据 1991 年年初的官方数据，吉尔吉斯斯坦和塔吉克斯坦边界线长度为 971 千米。沿其边界有 70 多个争议点。在巴特肯、伊斯法拉地区出现了多个飞地：瓦鲁赫、阿克赛、卡塔什、索莫尼。两国边境地区居民在这些地区的摩擦事件多发。由于两国边境地区居民的住房往往建在一起，因此划界成为难题。尽管政府间边界划界委员会于 2006 年成立，但由于缺少第三方仲裁，双方对争议地区均提出所有权理由，因此谈判时常陷入僵局。最主要的是，当事方没有确定争议领土地的单一标准。划界的过程越长，摩擦事件就越频繁。根据官方数据，在 2019 年年初，两国边界线的 504 千米得以划分完毕，但即使谈妥，其中也有变数。

塔吉克斯坦学者 Abdukholik Kholiki 和 Nabijon Rakhimov 在一篇题为《有争议的领土成为边境紧张局势

的温床》的文章中指出，2010—2013 年，吉塔边境发生了 62 起冲突。随后几年边境地区冲突不仅有加剧趋势，而且由于两国均在这些地区部署军队而变得更加危险。2014 年 1 月，两国边境地区发生了年度第一次冲突，地点发生在位于塔吉克村 Somonien 和吉尔吉斯斯坦村 Kak-Tash 的郊区，冲突造成 8 名吉尔吉斯斯坦和 3 名塔吉克斯坦边防人员重伤。2014 年 1 月 11—13 日，尽管边界持续发生冲突和事件，军方在接下来的几年中表现得更加克制，但是冲突地区扩大了，甚至那些以前被认为是平静的地区也开始发生冲突。2019 年 9 月 16 日，在边境地区发生的冲突再次升级到边防士兵之间交火，最终导致 3 名塔吉克斯坦士兵和一名吉尔吉斯斯坦士兵死亡，双方约 20 名边民受伤。

近年来，吉塔边境冲突问题悄然升级，个别地区的冲突更加激烈。如果说最初主要是发生在老百姓层面的冲突，从 2014 年开始，则出现了边防部门间的冲突。通过土地交换来解决边界划界问题，往往会引起当地居民的强烈反应，从而导致更加激烈的冲突。近年吉尔吉斯斯坦和塔吉克斯坦两国政府部门积极进行谈判，2020 年 1 月吉尔吉斯斯坦和塔吉克斯坦宣布，双方已就土地交换问题达成共识。土地交换的实施计划在两国社会引起争议。2020 年 5 月 8 日，吉尔吉斯斯坦边境居民因土地问题发生冲突，土地交换尝试未能减轻当地居民之间的相互紧张关系。

自 2021 年以来，吉塔两国边境地区的冲突性质发生明显变化，冲突烈度加强，问题趋向严重。2021 年 4 月 29 日，吉尔吉斯斯坦和塔吉克斯坦交接处发生武装冲突，原因是 28 日吉方反对塔方在边境地区安装监控设备，双方边境居民发生冲突，两国边防军介入，冲突升级。5 月 1 日，吉尔吉斯斯坦总统扎帕罗夫签署命令，宣布 5 月 1—2 日为全国哀悼日，纪念 4 月 28—29 日在吉塔边境武装冲突中的死难者。据吉方媒体报道，截至 5 月 1 日 18 时 30 分，边境冲突中吉方共有 34 人死亡，包括 3 名边防军人，173 人受伤，包括 31 名军人、1 名医生、131 名平民，另外 10 人身份待确定。据塔方媒体报道，塔方在冲突中有 3 人死亡。

两国在 2021—2022 年发生边境军事冲突的原因主要有三点。

第一，边境地区历史矛盾难以解决，包括划界、用水、人口等问题。吉塔冲突是整个费尔干纳谷地矛盾的一部分。乌兹别克斯坦与吉尔吉斯斯坦、塔吉克斯坦两国在边境地区也常有居民之间的摩擦。费尔干纳谷地的边界非常复杂，该地区存在两个关键问题：道路交错与用水竞争。人口密度大是谷地用水紧张的重要原因，中亚是世界上最缺水的地区之一。

第二，落后的经济难以得到改善。费尔干纳地区主要以农业为主，本来具备耕地、人口、水资源等发展条件，但仍是乌兹别克斯坦、吉尔吉斯斯坦、塔吉克斯坦三国最贫困的地区。其原因是经济改革难以深入、政府提供的资金支持有限、科技水平严重落后，造成高失业率、现代农业灌溉技术难以更新、劳动力资源过剩，最终导致严重的贫困和人口外流。

第三，外部的影响。一是阿富汗因素。与塔吉克斯坦毗邻的阿富汗北部形势复杂，2021 年阿富汗变局之后，一些来自中亚的武装组织谋求回到中亚从事破坏性活动。在 2021—2022 年的吉塔冲突中，一些中亚学者认为，国际恐怖组织非常乐见中亚地区爆发冲突、出现新的不稳定问题，以便利用混乱局势渗透到中亚、扩大影响力和招募新成员。二是美西方国家的煽动。西方国家企图在俄罗斯后方制造有可能成为长期冲突的领土矛盾，埋下中亚不稳定隐患，进一步分化俄与中亚国家关系。俄媒发表的分析文章甚至称美国要在中亚“开辟第二战场”。美西方国家长期在中亚深耕，进行“民主改造”，各种非政府组织和非营利组织已经运作了很长时间。西方国家推动“大塔吉克斯坦”概念，刺激塔吉克斯坦内部矛盾、鼓励民族主义、挑拨塔吉克斯坦与阿富汗关系，在中亚安全最脆弱的塔阿边境地区制造混乱。2021 年 8 月，美国在塔吉克斯坦境内组织了军事演习，来自 7 个国家的军事人员参加。早在1998年，美国《财富战士》杂志发表的一篇文章中就阐述了“大塔吉克斯坦”建国的可能性，即由塔吉克斯坦和阿富汗北部领土合并而成，统一“阿富汗塔吉克斯坦”和“后苏联塔吉克斯坦”。在阿富汗北部，有近1300万塔吉克人居住。

自2000年前后，中亚国家开始着手进行边界谈判，但这一问题非常复杂，同时又很敏感，触动多方利益，工作进展缓慢。在重要地区和一些飞地的问题上，通过土地交换、土地补偿等方式很难解决。同时，随着中亚国家间经济关系的日益密切，地区各国居民往来频繁，在一些边界划分不清地段，常有当地居民走私日用品，这往往又是当地一些贫困人口养家糊口的方式，因此在偷越边境过程中常常引发边民和边防士兵的冲突。此外，在边界划分混乱的地区，同时也是恐怖势力、毒贩集团活跃的地区，形势更加复杂，容易引发冲突。2023年8月4—10日，塔吉克斯坦和吉尔吉斯斯坦政府代表团测绘工作组在杜尚别举行划界工作组会议。据塔吉克斯坦国家土地管理和大地测量委员会称，塔吉克斯坦和吉尔吉斯斯坦边界全长约1000千米，两国已按计划厘清626千米的边界线。2023年11月1—8日，吉尔吉斯斯坦和塔吉克斯坦举行会议协调划界问题，两国勘界工作组在塔吉克斯坦索格德州举行例行会议，商定17.98千米边界划定问题。据吉尔吉斯斯坦吉总统官网发布的信息，两国已完成总长约625千米的国家边界划定，占总长度（980千米）的63.8%。2023年12月17—23日，吉尔吉斯斯坦和塔吉克斯坦在塔吉克斯坦索格德州举行勘界工作组例会。双方商定了11.88千米边境线，下次会议将继续讨论剩余边境线划定问题，至此，两国已就90%以上边界问题达成一致。

2. 经济发展

当前，吉尔吉斯斯坦面临两个亟待解决的问题：一是经济结构不合理制约经济发展。吉尔吉斯斯坦是以农牧业为主的国家，经济体量小，对外依赖严重，缺乏自身增长动力，没有发挥出具有国际竞争力的比较优势，发展长期滞后。吉尔吉斯斯坦是中亚最早加入世界贸易组织的国家，2015年正式加入欧亚经济联盟，但这并未从根本上改变经济落后的状态。居民生活严重依赖侨汇。每年侨汇约20亿美元，约占GDP的30%。二是外债规模居高不下。吉尔吉斯斯坦经济发展过度依靠贷款，国家债务不断增长，2014年为36.47亿美元，占GDP的54.8%；2015年为38.05亿美元，占GDP的68.2%；2016年为41.05亿美元，超过GDP的60%。2021年为42.22亿美元，占GDP的54.53%。未来10年吉尔吉斯斯坦每年需偿还外债2.5

亿—3.35亿美元，2025—2029年是偿债高峰期。

吉尔吉斯斯坦经济开始缓慢复苏。2020年吉尔吉斯斯坦经济陷入深度衰退，多项指标大幅下探。年终GDP总量减至77.4亿美元，同比下降8.6%。此前连续5年低速稳定增长的良好势头难以为继。一是汇率波动影响金融市场的稳定，导致吉尔吉斯斯坦国际贸易和投资收益缩水；二是汇率波动导致吉尔吉斯斯坦居民购买力下降，降低消费对经济发展的拉动作用。三是在俄罗斯务工的吉尔吉斯斯坦公民大规模返回，加重就业困难等民生问题。但相比之下，吉尔吉斯斯坦受冲击程度低于中亚其他国家。2022年吉尔吉斯斯坦GDP增长7%，增速较上一年增加0.8个百分点，是中亚地区唯一实现经济同比加速增长的国家。据吉尔吉斯斯坦国家统计委发布的初步统计数据，2023年1—11月，吉国内生产总值达10726亿索姆（约合120亿美元），同比增长4.4%。其中，工业增长1.8%，农业增长0.3%，建筑业增长14.3%，服务业增长5.6%，固定资产投资增长17.8%，批发零售业增长17.9%。

3. 社会问题

贫困问题严重。吉尔吉斯斯坦财富分配失衡导致贫富差距悬殊，贫困人口比例始终在30%以上，尤其是农村和一些偏远地区情况更为严重。贫困失业人口上升，由贫困和失业引发的民生问题十分突出，部分家庭难以维系日常基本支出。普遍性贫困和失业、长期营养不良，以及酗酒等问题导致社会矛盾突出。据估计，2020 年吉尔吉斯斯坦贫困率比 2019 年的 20.1% 上升了 11 个百分点，70 万人生活在贫困线以下。对于一个拥有 660 万人口的国家来说，这是一个巨大的数字。由于收入下降和失业率增加，贫困率上升。2020 年，167.8 万人生活在贫困线以下，其中农村居民占 73.7%。根据国家统计委员会的数据，城市和农村地区的贫困人口都在增加。除了奥什市和塔拉斯州，该国所有地区的贫困率都有所上升。在一年内，贾拉拉巴德州的居民都变得更穷了。贾拉拉巴德州、奥什州和楚河州的贫困人口占总人口的 58% 以上。2020 年极端贫困率为 0.9%，比上年提高了 0.4 个百分点。5.92 万人生活在赤贫线以下，其中 87.2% 是农村居民。

到 2021 年年底，吉尔吉斯斯坦的贫困水平再增长 4%，达到 35%。根据世界银行的一项研究，吉尔吉斯斯坦居民面临的主要问题是劳动力市场。60% 的调查参与者同意这一点。吉尔吉斯斯坦劳动力市场的主要问题是失业率高、非正规就业、身体健全的移民外流以及劳动力中妇女比例低。吉尔吉斯斯坦官方数据显示，2020 年吉尔吉斯斯坦失业人数超过 15 万人，与 2019 年相比增加了 1 万人。但根据非官方数据，这个数字要高出许多倍。

据吉尔吉斯斯坦财政部称，到 2023 年该国的贫困率仅下降 0.5%。根据政府关于 2021—2023 年吉尔吉斯共和国财政政策主要方向的决议草案，2021 年平均工资仅增长至 1.86 万索姆，2022 年增至 1.95 万索姆。研究表明，吉尔吉斯斯坦居民认为劳动力市场是最紧迫的问题。对他们来说，这与减贫最为相关。同时，人们认为，现在的形势不适合在国内找工作。

毒品问题突出。社会治理滞后，社会治安存在很多问题。根据吉尔吉斯斯坦内务部公布的 2022 年社会治安案件及禁毒情况，2022 年登记犯罪案件 45096 起，比上一年多发生 7312 起，同比增加 19.4%。其中重大和特别重大案件 4997 起。全年案件破获率为 42%。2022 年共发现 1248 起毒品犯罪，捣毁 11 个毒品实验室，查获 6852.879 公斤毒品，包括 10.194 公斤鸦片、76.931 公斤海洛因、231.319 公斤精神毒品、5793.581 公斤毒品植物等。

自然灾害得不到有效解决。吉尔吉斯斯坦位于活跃的地震带，定期发生低强度地震，有明显的潜在自然风险。农村地区雪崩和山体滑坡时有发生，可能造成人员伤亡和局部、短期的交通瘫痪。吉尔吉斯斯坦全国90%的国土位于海拔1500米以上，冬季容易受到极端气候的影响。低温、暴风雪可能会影响在建项目的进度。到了春夏，融化的冰川将影响山区，并给下游带来较大水流，提高洪水风险等级。

（二）中吉双边关系发展轨迹和成果

中吉两国自建交以来保持高度的政治互信，中国始终奉行互利互惠、平等合作、相互尊重的基本原则，践行亲诚惠容的政策方针。中吉关系虽经历国际风云变幻考验，但始终保持健康稳定的发展势头。双方积极拓展各领域合作，成为新时期发展睦邻友好关系的典范。中吉双边关系，特别是“一带一路”合作的成果主要表现如下。

1. 政治互信构筑坚实基础

2013年9月，在习近平主席访问吉尔吉斯斯坦并出席上海合作组织峰会期间，中吉两国把双边关系提升到战略伙伴关系。2018年8月，吉尔吉斯斯坦新任总统热恩别科夫访华，两国把双边关系提升到全面战略伙伴关系。

2021年1月，中国对扎帕罗夫当选吉尔吉斯斯坦总统表示祝贺，希望继续加深对吉尔吉斯斯坦的合作，深化双方全面战略伙伴关系内涵。2 月，习近平主席与扎帕罗夫通话，标志中吉关系在经历吉尔吉斯斯坦国内政权更迭后，依然保持较高的政治互信。6 月，扎帕罗夫通过视频向习近平主席祝贺中国共产党建党一百周年，并对中国共产党引领中国人民取得伟大成就表示由衷的赞赏和祝贺。扎帕罗夫表示，中方多年以来一贯支持吉尔吉斯斯坦经济发展，专注改善人民的生活水平。双方无论是在双边还是多边场合，均给予对方充分理解和支持，在中国涉疆、涉港、涉台等核心利益的问题上，吉方始终坚持尊重中国的政治立场和选择。

2022 年 1 月，中国组织召开同中亚五国建交 30 周年视频峰会。这是 30 年来中国同中亚五国元首第一次集体会晤，具有里程碑意义。2022 年 2 月北京冬奥会期间，习近平主席会见扎帕罗夫总统。双方强调加强发展战略对接，中国扩大进口吉尔吉斯斯坦的优质绿色农副产品，支持建设中吉乌铁路。

2023 年 5 月，习近平主席同来华出席中国—中亚峰会并进行国事访问的扎帕罗夫总统举行会谈。两国元首宣布，将中吉关系提升为新时代全面战略伙伴关系。习近平主席指出，中吉关系和两国各领域合作达成的重要共识正在得到有效落实，为两国关系发展注入强劲动力。中吉关系已经走过 31 年发展历程，中方愿同吉方构建睦邻友好、共享繁荣的中吉命运共同体，助力两国发展振兴。扎帕罗夫表示，当前吉中关系处于历史最高水平，吉方支持中方在涉疆、涉港、涉台等核心利益问题上的立场坚定不移，支持中方提出的全球安全倡议、全球发展倡议，愿同中方坚定相互支持，密切沟通协作，共同促进两国和地区的安全与发展。吉方将全力为中国企业提供安全良好的投资环境，持续推进共建“一带一路”。双方将吉中关系提升至新时代全面战略伙伴关系，并就构建吉中命运共同体达成一致，必将推动两国全方位互利合作迈上新的台阶。

2. 经贸合作更加务实深化

中吉双方完成两项对吉尔吉斯斯坦具有战略意义的合作。一是帮助吉尔吉斯斯坦实现能源独立。2015年8月28日，利用中国买方信贷、由中国特变电工承建的吉尔吉斯斯坦“达特卡—克明”输变电线项目正式竣工。阿塔姆巴耶夫总统在庆祝国家独立24周年纪念日上表示，“达特卡—克明”输变电线的建成，表明吉尔吉斯斯坦独立以来首次实现电力独立。二是中吉农业领域合作取得重要进展。两国开辟农产品快速通关的“绿色通道”，为吉尔吉斯斯坦农产品进入中国市场打开方便之门。2017年1月6日，吉尔吉斯斯坦经济部与中国河南贵友实业集团开发的吉尔吉斯斯坦“亚洲之星”农业产业合作区签署经贸领域合作备忘录。在农业领域，双方合作项目主要有吉尔吉斯斯坦北部地区玉米滴灌丰产栽培项目和南部棉花丰产栽培技术合作等。在工业领域，双方继续合作建设工业园区，深化产业链合作。2021 年 8 月，由丝绸之路集团负责的丝绸之路工业园项目顺利举行开幕仪式。

2022 年中吉贸易额超过 155 亿美元，同比增长 105.6%。其中，中国出口额为 154.2 亿美元，同比增长 106.7%；进口额为 0.8 亿美元，同比增长 2.4%。根据吉尔吉斯斯坦国家统计委数据，2023 年 1—10 月，吉自华进口额为 42 亿美元，同比增长 26.2%；对华出口额为 6179 万美元，同比增长 26.7%。中国是吉尔吉斯斯坦第一大贸易伙伴国，占吉尔吉斯斯坦对外贸易总额的 35%。据吉尔吉斯斯坦经济学人网 2023 年 12 月 15 日报道，2023 年 1—10 月，吉尔吉斯斯坦进口乘用车 14.3 万辆，同比增长近 5 倍，进口额约 20 亿美元。其中，自中国进口 44720 辆，价值 6.88 亿美元；自韩国进口 42033 辆，价值 3.52 亿美元；自美国进口 16275 辆，价值 1.73 亿美元。此外，吉尔吉斯斯坦自俄罗斯进口 12000 辆，自日本进口 10000 辆，自德国进口 5300 辆。吉尔吉斯斯坦与中国企业签署新能源汽车生产合作文件。2023 年 5 月 16 日，吉尔吉斯斯坦经济和商务部同欧亚实业公司（中国辽宁）签署了关于建设新能源汽车装配厂的谅解备忘录，中方公司将投资1.5亿美元，年产5000辆电动车。中国和俄罗斯是吉尔吉斯斯坦的主要贸易伙伴。吉尔吉斯斯坦大多数消费品，如家用电器、服装、建筑材料等都来自中国。

3. 互联互通取得重要进展

中国企业在吉尔吉斯斯坦实施北南公路建设、联接北方电网改造、比什凯克热电站改造等一系列重大项目。2015年5月，吉尔吉斯斯坦“北南公路”一期项目正式开工。项目总长154千米，合同金额约4亿美元，建设资金来自中国政府向上合组织成员国提供的优惠出口买方信贷，由中国进出口银行融资，中国路桥公司承建。

2015年7月，由中国进出口银行提供优买贷款融资并由中国路桥公司总承包建设的“比什凯克—巴雷克奇”公路（147—172千米路段）修复项目竣工。吉尔吉斯斯坦时任总统阿塔姆巴耶夫在竣工仪式上强调，吉尔吉斯斯坦正在建设国内交通网，建成后吉尔吉斯斯坦国内各州不仅可以相互连接，而且还将联通中国、哈萨克斯坦和塔吉克斯坦等周边国家，使吉尔吉斯斯坦走出交通困境，成为中亚地区重要的交通运输过境走廊。欧亚经济一体化进程与“一带一路”相结合，将贯穿中亚、南亚，直到欧洲。因此，吉尔吉斯斯坦希望加强各条公路的建设，并推动中吉乌铁路建设和吉塔伊（朗）铁路建设。

近年来，中吉继续推进比什凯克市政路网改造三期项目，修建比什凯克—纳伦—吐尔尕特公路，维修原北南公路和建设第二条北南公路，其中包括两座桥梁的建设，这是吉尔吉斯斯坦历史上建造难度最大的项目。双方还重点提高吐尔尕特和伊尔克什坦口岸过境效率，扩大过货量，发展过境吉的中国—欧洲多式联运。

2024 年 6 月 6 日，中吉乌铁路项目三国政府间协议签字仪式在北京举行。中吉乌铁路起自新疆喀什，经吉尔吉斯斯坦进入乌兹别克斯坦境内，未来可向西亚、南亚延伸。

4. 资金融通架起合作桥梁

据吉尔吉斯斯坦国家统计委员会数据，中国自 2016 年起成为吉尔吉斯斯坦第一大投资来源国，投资额为 2.896 亿美元，占其外国直接投资总额的 44.2%。中国进出口银行连续多年成为吉尔吉斯斯坦最大债权方。此外，吉方十分重视亚洲基础设施投资银行（以下简称“亚投行”），也以创始国身份参加亚投行，认为亚投行的建立有利于吉尔吉斯斯坦国内诸多项目的实施。

5. 人文合作夯实民意基础

中吉人文合作最重要的项目是中国、吉尔吉斯斯坦、哈萨克斯坦联合申报世界文化遗产“丝绸之路：长安—天山廊道的路网”获得成功。由中央民族大学和奥什国立大学承办的中吉人文交流中心2021年在北京顺利揭牌。该中心是吉尔吉斯斯坦在华开设的第一个联合人文交流中心，是中吉人文领域合作的重要项目之一。当前中吉教育领域合作主要为师生交流学习、孔子学院、汉语学习相关交流活动等。“汉语热”成为中吉开展人文交流的亮点。中国在吉尔吉斯斯坦设有4所孔子学院和12个孔子课堂，发挥教育文化合作的纽带作用。民间友好往来特别是青年群体和跨境民族等领域交流近年来取得较好效果。中吉在师生交流、智库交流、青年交流等方面保持合作，为加深民间相互了解、促进两国友谊作出贡献。

6. 国际和地区事务保持沟通协作

中吉两国均为上合组织、中国—中亚元首会晤机制等地区主要多边合作机制的成员，双方在多边场合保持接触和对话，是维护地区安全与稳定的重要力量。双方多次表示，应坚定发展全面战略伙伴关系，为地区安全与稳定贡献力量。在上合组织合作框架下，共同致力于促进上合组织健康稳定发展，团结地区各方力量共同推动构建新型国际关系和人类命运共同体。

（三）吉尔吉斯斯坦对中吉关系、“一带一路”倡议的积极评价

从吉尔吉斯斯坦官方文件和高层领导、精英学者的发言、文章看，吉尔吉斯斯坦对华态度友好积极，对与中国的合作认识总体积极，认为“一带一路”倡议是一个国际经济合作的大型综合项目，把历史上的丝绸之路国家用现代经贸合作的方式重新连接，与中国的合作将给吉尔吉斯斯坦和地区国家带来新的积极发展因素，中国投资将给吉尔吉斯斯坦带来新机遇。吉尔吉斯斯坦应当充分利用“一带一路”提供的项目发展本国相关基础设施和产业，促进本国经济与社会发展。

1. 历任总统均强调加强中吉合作的重要性

2013 年 9 月，习近平主席访问吉尔吉斯斯坦并出席上海合作组织峰会期间，阿塔姆巴耶夫总统对“丝绸之路经济带”倡议第一时间表达积极支持立场。阿塔姆巴耶夫在记者见面会上表示，“如果吉尔吉斯斯坦想要美好的未来，就应当加强与中国的合作，并看到

其广阔前景和机遇"。2018 年 8 月，习近平主席在会见来访的新任总统热恩别科夫时，热恩别科夫明确表示吉方支持"一带一路"这个"伟大倡议"，两国决定在"一带一路"框架内继续加强合作。2021 年 5 月，扎帕罗夫总统在国情咨文中指出，参与"一带一路"建设对吉尔吉斯斯坦实现国家经济建设和发展有重要意义，"一带一路"合作将是吉尔吉斯斯坦今后的重点合作领域。7 月，扎帕罗夫在接受采访时表示，"一带一路"建设惠及吉尔吉斯斯坦国家建设和人民幸福，吉尔吉斯斯坦将全力保障合作项目的顺利实施。

2. 希望吉尔吉斯斯坦成为"一带一路"和欧亚经济联盟对接合作的关键国家

在国际变局背景下，全球生产链、供应链断裂，区域经济循环重要性凸显。吉尔吉斯斯坦认为，在欧亚地区价值链重构过程中，吉尔吉斯斯坦转口贸易地位将有所提升，有望成为连接中国、俄罗斯与中亚其他国家的重要交通和贸易走廊。吉方曾提出"中—吉铁路"设想，能够连接中国与俄罗斯、中亚其他国家甚至南亚。中吉双边贸易额增长与中亚国家的经济复苏有关。吉尔吉斯斯坦经济学家努尔古尔·阿基莫娃认为，吉尔吉斯斯坦经济正在恢复，国内消费增长，对中国商品需求量大。吉尔吉斯斯坦经济学者丹尼斯·别尔达科夫认为，中吉贸易急剧增长的原因是中吉两国政府大力推动边境物流。

吉尔吉斯斯坦主要向中国出口水果、矿石、蜂蜜、矿泉水、糖果，黄金、有色金属和稀土金属。吉尔吉斯斯坦学者认为，中亚国家应成立一个对华出口绿色农产品的联合体。中吉乌铁路建成开通将对两国贸易有很大帮助，物流也将会大大简化。此外，近年吉尔吉斯斯坦的服装行业发展迅速，创建了本国品牌。吉尔吉斯斯坦经济学家表示，“比什凯克正在成为整个欧亚经济联盟的缝纫店”，从中国进口服装面料、棉线和其他辅料的数量猛增。

吉尔吉斯斯坦对中国数字货币感兴趣。吉尔吉斯斯坦学者努尔古尔·阿基莫娃认为，国际贸易中使用的美元或其他货币不稳定，作为替代方案，可以参考中国的数字货币，中国的资金流动几乎100%数字化。吉尔吉斯斯坦与欧亚经济联盟其他成员国一样，可以从这种利用数字基础设施与中国进行贸易的经验中受益。

（四）打造立体多元互联互通格局：中吉关系进入新时代

继续夯实政治互信。中国应继续坚持在涉及国家核心利益的问题上与吉方保持沟通和对话，开展平等、务实、公平的双边交往。在重大问题上保持沟通和协作，特别是在处理地区冲突和重大国际事务等问题上，继续坚持互不侵犯、互不干涉内政的原则，继续保持中吉政治领域合作的高位运行。支持吉方根据国情和历史传统特点，探索独立自主的民主道路和发展模式。加大宣传中吉友好合作的深厚基础。当前两国关系不存在任何悬而未决的问题，应推动务实合作不断深入，在经贸、能源、基础设施建设、互联互通和人文等诸多领域取得重要合作成果。优化投资项目管理体系，完善投资风险预测体系和项目收益评价机制，加强对投资项目的动态跟踪，严格管控资金的流动性，确保项目的实施进程与资金投入相匹配。提高管理人员的综合素质，加快引入国际化管理理念，注重信誉建设，增强品牌效应，树立负责任的中资企业形象，提升自身国际影响力和全球竞争力。搭建中吉经贸合作数字化信息平台，全方位、多视角、深层次报道中方提供的各种无偿援助。

深入挖掘合作新增长点。世界经济加快转型发展，形成以绿色、低碳、环保等主题为核心要素的新型经济发展模式。吉尔吉斯斯坦虽深处中亚腹地，经济结构不合理，经济发展基础薄弱，但面对世界经济发展潮流无法置身其外。中吉应共同面对新经济发展模式带来的挑战和机遇，继续推进基础设施等重点项目建设。基础设施建设关系到生产要素的流动效率，以铁路、公路、能源基础设施建设等项目组成的中吉基础设施建设是中吉推进“一带一路”高质量建设的坚实基础和效益保障。注重采取专门措施，保障项目建设所需的物资设备生产及运输、专家和人才队伍的交流与合作等工作顺利进行，使中吉“一带一路”合作真正实现大项目引领。推动双方“小而美”的项目落地。吉尔吉斯斯坦市场狭小，企业规模不大，双边合作缺乏大型项目的杠杆作用。双方企业需要在企业规模、项目规模的匹配度上，继续寻找合作契合点。吉尔吉斯斯坦已与俄罗斯、匈牙利、乌兹别克斯坦等国合资成立投资基金，效果显著。成立中吉投资基金，有助于扩大经济合作规模，促进和保障合作项目落地。发展第三方合作，推进中国—中亚—西亚经济走廊建设。尝试与地区内其他国家一道承担项目，分散风险，发展中吉乌交通走廊，探讨与美国、俄罗斯合作发展哈吉塔交通和能源走廊。

加强人文交流促进民心相通，筑牢民间友谊。双方可在教育、旅游、文化、卫生等方面扩大交流和合作规模，筑牢两国合作的民间友谊基础。进一步推动双方青年学生、教师和学者的交流互访，开展体现两国独特民族与文化特色的主题活动，以艺术为媒介为中吉两国人民搭建沟通桥梁，利用互联网技术开展 VR 线上旅游观光互动等。进一步加强舆情跟踪，努力提升中国形象和影响，化解“中国威胁论”。鼓励在吉尔吉斯斯坦的中资企业适当增加当地居民的就业岗位和工资福利。同时宣传自己的社会责任，尽量帮助当地改善民生设施，增强企业员工和当地民众的获得感、归属感。

2023 年是中吉关系发展史上具有里程碑意义的一年。双方共同将中吉关系提升至新时代全面战略伙伴关系的新高度，宣布构建睦邻友好、共享繁荣的中吉命运共同体。2024 年，双方将加紧落实中国—中亚峰会成果和 2023 年签署的关于地区合作、数字经济、地方友好、基础设施等多项双边合作文件。进一步对接发展战略，深化经济利益融合，以高质量共建“一带一路”为主线，落实《中吉中长期经贸合作规划》，发挥产业互补优势，推动贸易扩大规模、优化结构，维护产业链供应链稳定。拓展先进制造业、数字经济、新能源汽车、智慧农业、清洁能源等新兴产业合作，培育发展新动能。打造立体多元的互联互通格局。2024 年 6 月举行的中吉乌铁路项目三国政府协定签字仪式，标志着中吉乌铁路将早日启动。习近平主席在签字仪式视频祝贺时指出：“中吉乌铁路是中国同中亚互联互通的战略性项目，是三国共建‘一带一路’合作的标志性工程。”① 未来两国应加强医疗、教育、旅游、地方、妇女、青年等人文交流，促进两国民心相通；加强反恐合作，共同维护安全稳定的发展环境；并在联合国、上海合作组织等多边机制内密切协作，维护发展中国家共同利益和国际公平正义。

① 《中国、吉尔吉斯斯坦、乌兹别克斯坦三国元首视频祝贺中吉乌铁路项目三国政府间协定签署》，《人民日报》2024 年 6 月 7 日。

四　塔吉克斯坦篇：共建“一带一路”走在前列

塔吉克斯坦是“一带一路”的重要节点国家。中塔依帕米尔高原山水相连，塔是中国西部重要邻邦，是首批与中国签署共建“一带一路”政府间合作文件的国家之一。自习近平主席于2013年提出“丝绸之路经济带”倡议以来，塔吉克斯坦社会各界积极响应，热议倡议对塔吉克斯坦的重要意义。2014年，中塔两国签署共建“丝绸之路经济带”谅解备忘录。多年来，中塔携手同行，在基础设施、农业、文化、贸易等领域展开深度合作，成绩斐然。本篇以塔吉克斯坦总统拉赫蒙第四任期为起点，梳理2020年至今的塔吉克斯坦形势和中塔关系，思考中国与塔吉克斯坦从共建“一带一路”到构筑中塔命运共同体的内涵、动力和前景。

（一）塔吉克斯坦发展历程（2021—2023 年）

塔吉克斯坦独立后，各方势力斗争激烈，1992 年 3 月爆发内战，政局持续动荡。1997 年 6 月，在多国斡旋下双方签署了《关于在塔吉克斯坦实现和平和民族和解总协定》，开始了民族和解进程，2000 年 4 月民族和解进程结束。2020 年拉赫蒙第四次当选总统，塔吉克斯坦进入新时期。

1. 政治进程

现任总统埃莫马利·拉赫蒙于 1994 年 11 月起当选塔吉克斯坦总统，2013 年，拉赫蒙第三次蝉联总统，任期 7 年。2015 年 12 月，塔吉克斯坦议会通过民族领袖法，确认拉赫蒙总统民族领袖地位。2018 年 2 月塔吉克斯坦议会下院通过《塔吉克斯坦总统选举法》修正案，将总统候选人的年龄限制从 35 岁降低至 30 岁。2020 年拉赫蒙第四次连任总统，本届任期至 2027 年。塔吉克斯坦国内政治局势相对稳定，拉赫蒙总统深受国民爱戴。拉赫蒙领导的人民民主党是第一大政党，牢牢掌控议会下院和地方议会。连任总统后，拉赫蒙改组内阁，以“年轻化、专业化”为原则，安排了一批年富力强的新生代政治家进入权力高层。拉赫蒙总统长期执政有利于塔吉克斯坦对内对外政策的稳定性和持续性。塔吉克斯坦国家战略导向清晰，奉行开放的对外经济政策，积极寻求国际社会的投资和援助，努力改善本国投资环境。

塔吉克斯坦国家安全总体可控，但由于与阿富汗相邻，周边环境复杂，“三股势力”伺机而动。塔吉克斯坦注重大国间的平衡，积极参与国际合作，将俄、中、美关系视为外交优先方向，以争取外部经济援助作为外交重点。塔吉克斯坦与俄罗斯长期保持稳定的战略合作伙伴关系，俄罗斯在塔吉克斯坦有驻军，一定程度上确保塔吉克斯坦安全环境，同时与中亚地区各国保持良好合作。

2. 国家重大发展战略

在 2019 年总统发表的国情咨文中，拉赫蒙提出未来国家四大战略目标：实现能源独立、突破交通闭塞、实现粮食安全及国家工业化。2004 年和 2007 年，塔吉克斯坦分别发布《2015 年前塔吉克斯坦共和国经济发展纲要》和《塔吉克斯坦共和国至 2015 年的国家发展战略规划》。根据这两个法律文件，塔吉克斯坦明确了交通、能源和粮食安全三大发展战略，对投资环境等重点发展领域进行了规划。自 2015 年起，塔吉克斯坦着手制订至2030年的长期规划，提出“确保能源安全”“发展交通网”“确保粮食安全”“工业化下的就业问题”等战略，致力于解决塔吉克斯坦发展的核心瓶颈问题。为了改善投资环境、吸引外国投资者，塔吉克斯坦政府实施了一系列政策优惠措施。

近年，塔吉克斯坦完成了上一阶段的部分规划实施项目后，继续计划制订下一阶段的国家投资规划。在实施《2013—2015年的国家投资规划》后，逐步实施《2016—2020年的国家投资规划》。根据这一规划，塔吉克斯坦重点吸引包括亚洲开发银行、世界银行、欧洲复兴开发银行、伊斯兰银行、亚洲基础设施投资银行、丝路基金等外资，实施公路、水利、房建、农业、通信等各类基础设施的建设。塔吉克斯坦的发展规划紧密围绕“一带一路”倡议、独联体、欧亚经济联盟制定和实施。水利电力资源的开发是塔吉克斯坦首要发展方向，积极推动“CASA－1000”输变电项目的实施。随着其同邻国乌兹别克斯坦关系的改善，2018年年底罗贡水电站的第一台机组成功正式发电。

2016年12月1日，塔吉克斯坦议会下院批准的《2030年前国家发展战略》提出了未来经济发展的四大任务：一是确保国家能源安全。扩大电力生产，新建和扩建各种电站，以及输电线路建设和现代化改造；保障实施国家重点能源工程，如“CASA－1000”高压输电线路和“中亚—中国”天然气管道等大型国家间建设项目；扩大石油、天然气和煤的产量。二是加强交通基础设施建设。将发展交通作为政府工作的头等大事和优先方向，未来三年国家计划拨款 30 亿索莫尼，用于发展交通建设，修建铁路和公路。三是确保粮食安全。农业发展的主要任务是保障自给，实现粮食安全；搞好农作物种子和育种工作，提高农作物单产；发展畜牧业，增加肉制品和奶制品的产量。同时，努力提高农产品储存技术，减少损失和浪费。为此，未来三年用于发展农业的各类拨款总额将超过 10 亿索莫尼。四是增加就业。按照国家经济发展规划，塔吉克斯坦将采取措施，进一步改善投资环境，更多地吸引投资，强化对劳务移民的管理，推动教育政策和就业政策相适应，加强对妇女、青年和残疾人的职业培训和再教育，为国内广大年轻人创造就业岗位。此外，加大荒地开垦力度，支持农村中小企业的发展，尤其是出口型生产企业，解决农村人口就业问题。

3. 经济发展

2023 年 12 月 28 日，拉赫蒙总统发表年度国情咨文，称近七年来，由于塔积极推进国家工业化进程、创造就业岗位、推动绿色经济发展、加快经济数字化转型进程、提高国内产品竞争力、增强出口潜力和提高社会服务质量，实现了经济年均增长7.5%，国内生产总值增长一半，居民资金收入则从372亿索莫尼（约合33.95亿美元，按当下10.9571汇率计算，下同）增加到1127亿索莫尼（约合102.86亿美元），平均工资上涨1倍多，养老金上涨90%，贫困率从29.5%下降至21.2%。未来发展计划包括推进工业化、加大交通基础设施建设力度、扩大招商引资、推进金融数字化进程、开发绿色能源等重点方向。

2023年，尽管受到地缘政治冲突和经济形势变化等因素影响，塔经济仍保持积极增长态势，涨幅达到8.3%，通胀率控制在3.8%，高于世界银行、欧亚开发银行、亚洲开发银行等国际金融组织对塔的经济预期。塔吉克斯坦专家分析称，塔吉克斯坦经济增长得益于下列措施的实行：一是加快数字化进程，提高国内产品竞争力，释放出口潜力；二是积极应对气候变化，特别是发展“绿色”经济；三是加快推进国家工业化进程，确保优先目标和任务的实施；四是广泛引进新的、有竞争力的生产项目，特别是利用外国资本开展生产；五是创建新的社会性、生产性和服务性的企业；六是增加对商业实体（特别是制造业）的优惠贷款数额，支持私营部门和企业家发展；七是采取有效措施，减少当前风险和潜在风险对国民经济的影响；八是高水平完成了国家规划和战略中的既定目标、任务和优先事项。2023年，塔吉克斯坦银行贷款数额达185亿索莫尼（约合16.88亿美元），同比增长31.7%，其中，小额贷款增长32.1%，妇女和儿童贷款增长30%；居民及信贷机构法人存款额达186亿索莫尼（约合16.98亿美元），同比增长32%。同期，塔吉克斯坦新建制造业企业715个，创造就业岗位5000个，启动教育领域项目117个，卫生领域项目139个。

4. 社会问题

在大力推动经济发展的同时，也应看到塔吉克斯坦民生问题十分严重，贫困状况突出，存在潜在的社会动荡风险。2014—2018年，塔吉克斯坦贫困率从32%降至27.4%，2018年极端贫困率为11.8%。2019年世界银行发布的《塔吉克斯坦经济发展潜力报告》认为，塔吉克斯坦是欧亚地区最贫困的国家，其赤贫人口在不断增加。塔吉克斯坦工资水平在独联体国家中最低，由于存在长期收入过低并且不够稳定，粮食和不少必需品需要进口等问题，很多家庭最基本的温饱问题无法得到保障，社会形势比较严峻。

在百年变局和阿富汗局势影响下，塔吉克斯坦安全形势依然复杂。2023年3月29日，塔吉克斯坦总检察长尤素福·拉赫蒙表示，2022年塔吉克斯坦共发生1197起恐怖主义和极端主义性质犯罪案件，同比增长

18.5%（222起），97人被引渡回国，其中18人因犯有极端主义和恐怖主义罪行被列入国际通缉名单。截至2023年1月1日，塔吉克斯坦公布的8631名通缉犯中已有2483人被捕。2022年塔吉克斯坦共查获4.169吨毒品，比2021年增加了80.105公斤，同比增加2%。其中，70%的毒品为大麻。查获海洛因数量呈下降趋势，2021年查获海洛因225公斤，2022年查获139公斤。但是查获的鸦片增加了30%。此外发现并逮捕37个犯罪集团的89名成员和3个有组织犯罪集团的6名成员。2022年共登记22481起犯罪案件，比2021年减少1637起。塔吉克斯坦内务部开展打击青年犯罪专项行动。3月，塔吉克斯坦在首都“刀”特别行动框架内，从青少年和年轻人手中缴获了1120件刀具等攻击性器具，包括766把刀、14个电击枪。自2018年起，塔内务部每年都开展代号“刀”的专项行动，青年犯罪率不断下降。2022年，首都杜尚别青少年犯罪率下降了14.4%，流氓案件下降了46.1%。

5. 巴达赫尚问题

多年来，塔吉克斯坦戈尔诺—巴达赫尚自治州（以下简称“巴达赫尚”）地方势力与拉赫蒙政权时有冲突，央地矛盾自1993—1997年内战以来始终未得到解决，反而受复杂的内外形势影响趋向激化。所谓

“巴达赫尚问题”，即塔吉克斯坦巴达赫尚自治州分离问题，是在地缘政治对抗和阿富汗局势的背景下，由于塔吉克斯坦国内政局冲突延续演变而成为集政治、社会民生、安全为一体的综合性安全问题。巴达赫尚地区只有大约22.5万人口，约占塔吉克斯坦全国人口总数的2.5%，其面积却占整个国家的45%。该地区都是高山，只有6%的土地适合生活。贫困率和失业率很高，工业和基础设施落后。落后的交通限制了巴达赫尚居民与邻近地区的接触。但是，巴达赫尚具有重要的战略意义。一是这一地区在历史上即是俄英帝国大博弈的地区之一。19世纪末，俄罗斯帝国多次向帕米尔高原派遣军事远征，其任务之一就是清除帕米尔高原上的阿富汗哨所，以及将英国特工驱逐出其领土。二是该地区与阿富汗的瓦罕走廊部分地段（首府霍罗格距阿富汗边境约5000米）、吉尔吉斯斯坦奥什地区接壤。帕米尔公路穿过境内。瓦罕走廊是直接连接中国和阿富汗的唯一通道，百年前是俄罗斯帝国和英属印度之间的缓冲区。除了贫困问题，当前困扰塔吉克斯坦政府的巴达赫尚问题主要有两方面：一是在1992—1997年内战中，反对派武装始于巴达赫尚地区，也“消失”于该地区，这一地区在几十年间成为塔吉克斯坦政权的不稳定发源地；二是巴达赫尚地区与阿富汗毗邻，安全形势异常复杂。

自拉赫蒙第四任期以来，巴达赫尚地区问题不断。首先是2021 霍罗格事件。2021 年 11 月，塔吉克斯坦东部与阿富汗相邻的戈尔诺—巴达赫尚自治州首府霍罗格市发生大规模抗议集会，引发执法人员和抗议群众冲突，并造成人员伤亡。这是近几年塔吉克斯坦发生的严重事件。11 月 25 日，霍罗格警方到通缉犯家中拘捕犯人，遭到抵抗。执法人员向 3 人开枪，造成通缉犯死亡，另外 2 人受伤。这一事件引起为期四天的大规模抗议集会，数百人聚集在霍罗格的州行政大楼附近抗议，要求惩罚开枪的执法人员。在 11 月 26 日的集会中民众与执法人员发生激烈冲突，造成至少 2 人死亡、6 人受伤。有目击者称，警方向抗议群众开枪。塔吉克斯坦戈尔诺—巴达赫尚自治州与中央政府的关系越来越紧张。霍罗格事件的行动调查组于 2021 年 12 月 9 日成立。骚乱结束后，内务部负责人拉希姆佐达·拉马松·卡姆罗访问了戈尔诺—巴达赫尚自治州。

2022 年塔吉克斯坦巴达赫尚分离问题引发的央地矛盾升级。5 月中旬以来，塔吉克斯坦东部戈尔诺—巴达赫尚自治州形势持续恶化，发生多起大规模抗议示威活动，执政当局在平息过程中与抗议者爆发流血冲突，导致人员伤亡。2022 年 5 月 17 日，霍罗格市发生骚乱，造成 1 人死亡、数人受伤。据塔官方称，此事件是有组织犯罪集团在16日组织非法集会，恐吓当地居民，冲击国家机关，攻击州警察局，引爆手雷，造成包括警察局副局长在内的3名执法人员受伤。18日，塔内务部称，戈尔诺—巴达赫尚自治州鲁尚区的有组织犯罪集团200多人，在国际极端主义和恐怖组织的领导和资助下，封锁了杜尚别至霍罗格公路，用“燃烧弹”袭击塔吉克斯坦国家安全委员会特别反恐部队车队，造成1名军官死亡、13名军人受重伤。塔吉克斯坦执法部门紧急展开反恐行动，击毙8名武装分子，11名武装分子受伤，逮捕70多名恐怖组织成员，缴获大量武器弹药。

塔吉克斯坦巴达赫尚分离问题的实质，是具有历史积怨、外部势力插手、社会经济矛盾、现实政治冲突共同促发的分离倾向。随着中亚国家进入独立后第四个十年，国内问题和外部环境都面临复杂变化和挑战，巴达赫尚分离问题在内外部因素促动下被激化，进而给塔吉克斯坦政治稳定和中亚地区安全带来一定程度的挑战。2022年5月19日，欧盟驻塔代表团、美英法德驻塔使馆发表联合声明，对该地区局势和暴力冲突深表关切，呼吁“塔政府确保执法部门严格依法行事，即使在安全危机中也尊重人权和基本自由各方，希望各方不遗余力地缓和局势，保持克制，避免过度使用武力和煽动暴力”。

（二）中塔双边关系发展轨迹和成果

1. 政治互信引领中塔合作发展

中塔山水相连，边境线长达 477 千米。在古代，中塔青金石贸易是古代丝绸之路的重要组成部分，印证着两国交往源远流长。自中塔建交以来，中国秉承平等原则与塔吉克斯坦协商，成功解决中塔边界遗留问题；中国践行务实合作、互利共赢原则，为塔吉克斯坦经济发展、维护本国安全稳定提供支持。以上原则为中塔政治互信、携手共建“一带一路”倡议奠定坚实基础。

中国是塔吉克斯坦全面战略伙伴和亲密近邻，发展对华关系是塔外交优先方向。自 1992 年 1 月 4 日建交以来，中塔关系积极、健康、稳步向前发展，在联合国、上海合作组织等国际组织中合作密切。两国彻底解决历史遗留的边界问题，签署了《中华人民共和国和塔吉克斯坦共和国睦邻友好合作条约》，并于 2013 年 5 月建立战略伙伴关系。2023 年，两国宣布构建世代友好、休戚与共、互利共赢的命运共同体。

习近平主席提出“一带一路”倡议以来，塔吉克斯坦是响应最积极的国家之一，中塔政治互信进入快车道发展阶段，先后签署多份合作备忘录。2014 年 9 月，在习近平主席对塔吉克斯坦进行首次国事访问期间，中塔签署共建“丝绸之路经济带”谅解备忘录；2017 年 8 月 30 日至 9 月 5 日，拉赫蒙总统来华进行国事访问并出席新兴市场国家与发展中国家对话会，中塔元首共同签署《中华人民共和国和塔吉克斯坦共和国关于建立全面战略伙伴关系的联合声明》《中塔合作规划纲要》，推进“一带一路”建设同塔《2030 年前国家发展战略》深度对接。

近年中塔高层互访频繁，政治关系稳固，为两国合作提供良好的政治基础。除了上文所述中塔元首举行会晤并签署协议，两国元首先后进行 9 次会晤。2014 年 5 月和 11 月，塔吉克斯坦总统拉赫蒙分别来华出席亚信峰会和 APEC 东道主伙伴对话会。2015 年 9 月，拉赫蒙总统来华出席中国人民抗日战争暨世界反法西斯战争胜利 70 周年纪念活动。2018 年 6 月，习近平主席在上海合作组织青岛峰会期间会见拉赫蒙总统。2019 年 4 月，拉赫蒙总统来华出席第二届“一带一路”国际合作高峰论坛和 2019 年中国北京世界园艺博览会开幕式。2019 年 6 月，习近平主席赴塔吉克斯坦出席亚信峰会并对塔吉克斯坦进行国事访问。2020 年 6 月、2021 年 3 月、2021 年 9 月，习近平主席同拉赫蒙总统通电话，就当前中塔关系及热点问题交换意见。2022 年 2 月，拉赫蒙总统来华出席北京冬奥会开幕式并同习近平主席举行会见。2022 年 9 月，习近平主席在上海合作组织撒马尔罕峰会期间会见拉赫蒙总统。2023 年 5 月，拉赫蒙总统来华出席中国—中亚峰会并进行国事访问。其间，习近平主席同拉赫蒙总统举行会谈，中塔元首共同签署并发表《中华人民共和国和塔吉克斯坦共和国联合声明》。

2. 经贸领域合作发展迅速

得益于中塔元首战略领航，中塔在经贸领域合作发展迅速。“一带一路”倡议为塔吉克斯坦带来新的活力，中塔在投资、贸易、产能合作等方面取得了丰硕成果。此外，塔吉克斯坦《2030 年前国家发展战略》深度对接“一带一路”倡议，为塔吉克斯坦挖掘过境运输潜力、参与全球市场带来新的机遇。

自建交以来，中塔贸易规模不断扩大，由建交之初不足 300 万美元到 2022 年近 26 亿美元，增长数百倍。在投资领域，中国是塔吉克斯坦第一大投资国，中国进出口银行等机构向包括火电厂、南北电网、公路交通在内的塔吉克斯坦重要基础设施项目融资，有效助力塔吉克斯坦解决因资金不足导致重点基建项目无法开工的问题，为塔吉克斯坦经济社会发展注入强劲动力。在援建方面，中国以无偿援助形式拨款 15 亿元人民币，援建塔吉克斯坦政府办公大楼、议会办公大楼。

中塔建交以来，双方签署了一系列政府间经贸合作协定，为两国经贸合作关系的发展奠定了法律基础。1993 年 3 月，塔吉克斯坦与中国签订鼓励和保护投资协定，其中有最惠国待遇及例外情况、保护投资合法收益并可自由汇出、国有化征用及补偿等规定。2008 年，中塔签署避免双重征税协定。2017 年 8 月，中国商务部与塔经济发展与贸易部在北京签署了《关于加强基础设施领域合作的协议》，协议规定：双方本着“平等互利、优势互补、互相促进、共同发展、政府引导、商业运作”的原则，在铁路、公路、电力等领域的基础设施建设开展合作。2018 年 10 月，双方签署《中塔外交部 2019—2020 年合作纲要》。

中塔合作的主要领域是交通运输、采矿业、天然气管道建设、农产品种植与加工、建筑材料生产等。中国已成为塔最大的投资来源国，第二大进口国，也是第三大贸易伙伴。中国在塔吉克斯坦经济直接投资居第一位，中国企业累计投资额超过 11 亿美元。在塔吉克斯坦投资的主要国家有：中国、俄罗斯、瑞士等。2007—2020 年，塔吉克斯坦引资 103 亿美元，中国投资约占 30%，其次是俄、美、英、哈萨克斯坦。中国投资广泛用于塔吉克斯坦各个部门，特别是矿产、通信、建筑、金融、电力、基础设施、化工、纺织、农业、农产品加工。

根据塔吉克斯坦国家投资与国资管理委员会的数据，截至2020年年底，中国对塔各类投资额为30.15亿美元。2020年中国对塔吉克斯坦的投资额是1.52亿美元，占当年塔吉克斯坦引进外资的35%。截至2018年10月，中国在塔吉克斯坦境内参与的投资项目共计50多个。70家中资企业和200多家中国企业在塔市场从事经营活动，主要涉及农业、矿业、纺织、电信、水泥等领域。第一批投资项目涉及有色金属矿床的开发。近几年来，投资者已转向建筑材料的生产。截至2016年年底，有色金属冶炼领域投资占中国直接投资总额的46%，建筑业领域投资占20%左右。主要投资企业有：中石油中塔天然气管道有限公司、中泰新丝路纺织产业有限公司、中色国矿帕鲁特公司、中塔泽拉夫尚有限责任公司、塔中矿业股份有限公司、亚洲化工股份有限公司、华新亚湾水泥有限公司、海力公司等。

中塔两国贸易往来频繁。中国的服装、家电、日用百货等轻工业品价格实惠，一度受到塔吉克斯坦消费者的欢迎。随着近些年中塔贸易快速发展，加上塔吉克斯坦民众生活水平日益提高，小米、中兴、华为等电子产品很快在塔吉克斯坦占有一席之地。中国国家形象在塔吉克斯坦民众心目中得到了很大提升。塔吉克斯坦从中国进口商品以日用品、纺织品为主。主要包括：针织或钩编的服装及衣着附件；鞋靴、护腿和类似品及其零件；棉花；其他纺织制品；成套物品；旧纺织品；锅炉、机械器具及零件；钢铁；钢铁制品；电机、电气、音像设备及其零附件；车辆及其零附件，铁道车辆除外。塔吉克斯坦出口中国的商品主要有：矿砂、矿渣及矿灰；棉花；铝及其制品；生皮（毛皮除外）及皮革；食用水果及坚果；甜瓜等水果的果皮；油籽；工业或药用植物；饲料；有机化学品。

中塔经贸关系发展向好，双边贸易额从建交之初的几百万美元发展到现在的数十亿美元（参照中国海关统计数据）。2015 年，中塔双边贸易总额达 18. 48 亿美元；2016 年，中塔双边贸易总额达 17. 58 亿美元；2017 年，中塔双边贸易总额为 13. 7 亿美元；2018 年，双边贸易额达 15. 04 亿美元；2019 年，双边贸易额达 16. 8 亿美元；2020 年，中塔双边贸易出现大幅度滑落，双边贸易额降至 10. 63 亿美元；2021 年，双边贸易额恢复至 18. 61 亿美元；2022 年，双边贸易额达 25. 99 亿美元；2023 年上半年，中塔经贸合作呈现强劲增长势头，双边贸易额上半年突破 21 亿美元，创中塔贸易历史新高。中塔双边贸易的主要特点是：第一，中塔贸易产品结构的层次较低，双边成交品种多、数量小、中低档商品居多；第二，贸易主体多为两国的民营企业、个体企业和“个体户”；第三，贸易方式落后、不规范，中国一般商品的出口通常以“旅游购物”的方式完成；第四，贸易地点的局限性很强，进出口的商品多集中在新疆等地，新疆与塔的贸易超过中塔贸易额的80%。

3. 务实合作持续深化

中国为塔吉克斯坦交通基础设施建设作出巨大贡献。塔吉克斯坦基础设施落后，国内路况较差，交通运输网络不完善，电力等资源受气候环境等的影响，较为匮乏，经常出现缺电的问题，严重制约了本国经济发展。中塔建交以来，中国企业克服交通及电力基础设施薄弱等困难，经营活动稳健发展。中塔在农业、工业、基础设施等领域开展了广泛合作。在“一带一路”倡议推动下，一批标志性大型项目在塔吉克斯坦顺利实施。在基础设施建设上，中国工程建设企业在中国政府政策资金的支持下，经过数年开拓，相继在塔吉克斯坦承揽大型工程项目，成为当地工程承包市场的重要力量。中国路桥集团承建了塔乌公路、中塔公路贯穿塔东西、南北两大主干道，对塔吉克斯坦公路网形成有重要作用；瓦赫达特—亚湾铁路于2015年4月底开工建设，成为沟通塔吉克斯坦中北部经济发达区和南部资源重地的重要铁路。

中国—中亚天然气管道D线的塔吉克斯坦境内段于2014年开工建设，是塔吉克斯坦规模最大的工程，可为塔吉克斯坦创造3000多个就业岗位。还有“罗扎拉尔—哈特隆”220千伏、“南—北”550千伏输变电项目、杜尚别—恰纳克公路、“沙赫里斯坦”隧道、中塔公路修复改造等惠及民生的项目，极大地改善了塔吉克斯坦基建设施的落后现状，得到了塔吉克斯坦民众的称赞和信赖。

电力短缺已经严重影响居民生活，更无法满足工农业生产的基本需求。相对来说，建设小水电或火电站的周期较短，风险较小，可以较快地帮助解决部分人的冬季供暖问题，也能为当地提供工作岗位。如中国特变电工投建的杜尚别2号火电站，解决了杜尚别50多万人冬季缺电缺热水供暖的状况。

交通建设方面，中塔合作成绩斐然，亚湾—瓦赫达特南北铁路隧道的贯通，成为中—塔—阿富汗—伊朗国际铁路交通枢纽；中塔公路胜利完工，宣告中塔卡拉苏—阔勒买口岸从季节性口岸升级为全年性口岸。

电力建设方面，杜尚别热电厂的运营宣告该市冬季缺电问题成为过去式；特变电工承建的500KW“南北”输变电工程，连通塔吉克斯坦南北两大电网，塔吉克斯坦北部地区电力减少对乌兹别克斯坦、吉尔吉斯斯坦电力供应依赖，由此实现塔吉克斯坦国家电网统一。两国以大型水电、基建项目为合作重点。中国新疆特变电工承建的杜尚别2号火电站项目，是中国在塔吉克斯坦承建的首座火电站，将有效解决塔首都杜尚别居民冬季用电和供热水问题；中塔工业园2015年在索格特州伊斯提克洛尔（Istiklol）成立，是中国企业在塔吉克斯坦建设的首个工业园区。该工业园以索格特自由经济区为战略依托，依靠铅锌等有色金属冶炼，结合产出的副产品延伸综合加工产业链，覆盖冶炼、化工、建材等行业。

产能合作方面，中国支持塔吉克斯坦由水泥进口国转为出口国，塔吉克斯坦实现向周边邻国出口水泥创汇；中塔合资泽拉夫尚公司是塔吉克斯坦最大黄金开采公司；2015年塔吉克斯坦年产水泥140多万吨，其中77%是中国华新亚湾水泥有限公司生产，塔吉克斯坦已从由水泥进口国变为出口国，实现出口创汇；中国紫金矿业和塔中矿业在塔吉克斯坦从事矿产资源开发。

农业方面，两国的合作重点是改善塔吉克斯坦农业种植结构，推动塔吉克斯坦建立农业生产和加工产业链。2011年新疆生产建设兵团勘测规划设计研究院出资成立的塔吉克海力公司在塔吉克斯坦首次种植水稻获得丰收；2011年河南省经研银海种业有限公司与塔吉克斯坦的哈特隆州亚湾区设立“中国农业科技示范园区”，在塔吉克斯坦形成种子、耕种、深加工为一体的产业链，创造塔吉克斯坦粮食亩产最高纪录，同时带动中国农业机械装备的出口。2014 年河南省在塔吉克斯坦哈特隆州建设“中塔农业产业园区”，使当地农业生产和农产品加工获得快速发展。2014 年年底“中泰新丝路农业纺织产业园”在哈特隆州丹加拉区举行奠基仪式，增强其工业发展实力。随着中塔在棉花种植和加工领域的合作，中资企业在塔吉克斯坦市场份额日益增长。中泰新丝路塔吉克斯坦农业纺织产业园是中亚目前最大的纺织园区，由新疆中泰新建新丝路农业投资有限公司投资建设。采用“一区两园五基地”的模式进行建设，围绕百万亩境外农业资源开发，规划建设两个加工产业园（丹加拉轻纺园区和空桑给农产品加工园区），配套建设五个原料加工仓储基地，形成以棉花种植、生产加工、纺织服装为主导，粮食作物生产加工为辅的现代化农业产业合作区。产业园 90% 以上产品都销往海外市场，已经成为塔吉克斯坦出口创汇第一大户。新疆利华棉业投资建设的中塔农业合作示范区，带动当地就业 4000 余人，年缴纳税费 1000 万美元以上，为当地财政收入与提高就业率作出重要贡献。新疆中泰集团在塔吉克斯坦哈特隆州丹加拉区建设的中泰新丝路农业纺织产业园，已实现全产业链经营模式，填补了当地农业和纺织工业的空白，不仅引领当地耕作技术和纺织技术的发展，也解决了当地5万余名民众饮水和15万亩耕地灌溉难题。

中国企业助力塔吉克斯坦经济发展。目前，在塔吉克斯坦有500余家中资企业，帮助塔吉克斯坦企业完善深加工产业链，提升民众就业率，为当地培育技术人才。中国在塔吉克斯坦主要企业有：中石油中塔天然气管道有限公司、中泰新丝路纺织产业有限公司、中色国矿帕鲁特公司、中塔泽拉夫尚有限责任公司、塔中矿业股份有限公司、华新亚湾水泥有限公司、海力公司等，涉及农业、矿业、纺织、电信、水泥等领域。

上述合作证明，中塔两国已经携手走出一条优势互补、共谋发展、共享繁荣的道路。

4. 人文合作再上新台阶

中塔在文化领域合作良好，开创了多个第一。2015年，塔吉克斯坦冶金学院与孔子学院总部/国家汉办合作创办塔吉克斯坦冶金学院孔子学院，该院成为全球第一所融合职业培训的孔子学院，该孔子学院开创了“汉语+职业技术教育”特色，建立了孔子学院、高校和中资企业三方“联合培养、定向就业”的新型培训模式。

2022年11月29日，中亚第一家鲁班工坊——塔吉克斯坦鲁班工坊启运仪式在天津城市建设管理职业技术学院和塔吉克斯坦技术大学同步举行。塔吉克斯坦鲁班工坊建设是贯彻落实中塔两国元首重要共识，落实“中国—中亚五国”外长会晤成果的重要举措，是服务“一带一路”倡议，向世界分享中国职业教育经验的生动案例。

5. 地方合作蓬勃发展

在“一带一路”倡议带动之下，中国多个省市与塔吉克斯坦地方政府开展务实合作：河南省与塔吉克斯坦共建“一带一路”国际区域经济合作新高地；陕西省与哈特隆州缔结友好省州关系，建立了对接合作机制；山西省太原市与索格德州胡占德市缔结国际友好城市，签署两市建立友好城市关系意向书；作为中国首个木材内陆直通口岸，赣州港成功开通至塔的进口班列，实现互联互通。

（三）塔吉克斯坦对中塔关系、“一带一路”倡议的积极评价

在中亚国家中，塔吉克斯坦国家和民众对华态度最为友好。塔吉克斯坦官员多次表示，塔吉克斯坦全力支持建设“一带一路”，将参与“一带一路”作为

本国摆脱交通困境、保障粮食安全和实现能源独立的重要契机。两国教育、文化领域合作良好，目前中国在塔吉克斯坦设立了2所孔子学院。中塔已建立8对友好城市。中塔关系蓬勃发展，中塔各级领导频繁会晤和讨论，取得诸多双边成果。塔吉克斯坦是最早与中国签署“一带一路”谅解备忘录的国家，也是最为积极响应“一带一路”倡议的国家之一，塔吉克斯坦出台《2030年前国家发展战略》，对接“一带一路”倡议。

1. 塔吉克斯坦政府对共建“一带一路”倡议的认知

塔吉克斯坦政府积极支持共建“一带一路”倡议有以下出发点：一是塔吉克斯坦内生力不足，经济增长点有限，期望搭乘“一带一路”倡议快车，与中国合力破解塔吉克斯坦经济增长困境；二是受制于经费严重不足，塔吉克斯坦基础设施发展滞后，且部分重要公路存在常年失修状况；三是塔吉克斯坦境内平均海拔超过3000米，关键道路交通建设难度大，所需资金巨大，但道路建设收益小，故难以通过西方国家国际金融机构评估，无法获取足额融资。

因此，塔吉克斯坦政府官员在各公开场合对中国“一带一路”倡议、人类命运共同体、全球发展倡议、全球安全倡议均持认同支持态度。对塔吉克斯坦而言，积极支持共建“一带一路”倡议，可借助中国对塔吉克斯坦的投资，完成诸多重要基础设施项目，此外在能源、工业、农业等多领域，塔吉克斯坦亦得到中国大力资金支持与援建。

2. 塔吉克斯坦社会各界对“一带一路”倡议的认知

塔吉克斯坦社会各界对中塔关系、“一带一路”持积极态度。数据来源于塔吉克斯坦受众群体最大的报纸“亚洲+”通讯社（以下简称“亚通社”）。塔吉克斯坦政府部门、银行和大型商业机构、大部分驻塔吉克斯坦国际机构均使用亚通社信息服务，因此亚通社所刊发文章对中国“一带一路”倡议的评议具有分析价值。

一是认为“一带一路”倡议是建立东西贸易走廊，塔吉克斯坦应积极融入其中，求得发展，建议塔吉克斯坦应积极推动国家发展战略与“一带一路”倡议对接；二是认为“一带一路”倡议比其他大国更具优越性，美国的“新丝绸之路”计划“过度政治化”，“国家资金投入少”，远不如中国“一带一路”倡议，塔吉克斯坦待建基础设施可依托“一带一路”倡议完成；三是由于俄罗斯被西方制裁，造成塔吉克斯坦劳务移民汇款大幅度减少，使得塔吉克斯坦经济发展面临诸多问题，中国对塔吉克斯坦投资是解决经济困境的唯一选择；四是认为“一带一路”倡议具有政治包容性、政策继承性，中国所提供的资金支持将为塔吉克斯坦发展带来新契机；五是认为与中国携手共建“一带一路”倡议对塔吉克斯坦意义非凡，将会降低中亚地区的物流运输成本和时间，促进商品和资金流通，进而提高塔吉克斯坦民众生活水平，促进现代化建设。塔吉克斯坦学界对“一带一路”倡议的研究结论呈现出客观性、科学性。包括塔吉克斯坦科学院在内的政府下属科研机构也对共建“一带一路”倡议持积极态度，认为塔吉克斯坦应采取政策，积极主动对接。这是塔吉克斯坦国内学界对“一带一路”倡议的主流观点。

值得一提的是塔吉克斯坦民调机构“中亚晴雨表”的涉华民调结论。最新公布的2020年塔吉克斯坦民众对俄罗斯、中国、美国态度数据显示，塔吉克斯坦民众对华友好态度远远强于美国。在对俄罗斯、中国、美国“友好、可靠、乐于助人”的认知调查数据中：塔吉克斯坦民众选择中国的比例约占调查总数的20%，选择美国的仅有2%。在对俄罗斯、中国、美国“不友好且具有威胁性”的认知调查数据中：塔吉克斯坦民众选择美国的比例约占调查总数的8%，选择中国的仅占2%，与俄罗斯相同。接受俄罗斯、中国、美国的资本投资，或在塔吉克斯坦经商的调查数据：中国受欢迎程度为17%，美国受欢迎程度为8%。

这份公开民调数据显示，塔吉克斯坦对中国的积极看法占主导地位，这是由于中国在塔吉克斯坦推动的系列项目惠及民众，塔吉克斯坦民众对中国“一带一路”倡议的认知并未受到美西方国家抹黑影响。

（四）务实合作持续深化：中塔关系蓬勃发展

落实中塔元首在中国—中亚峰会达成的共识。2023年中国—中亚峰会标志中国与中亚国家关系进入历史新阶段。中国应充分落实中塔元首在此次峰会中达成的共识：一是在政治层面给予塔吉克斯坦政府坚定支持；二是在人权治理、安全稳定、经济合作、人文交流等重点领域，开展系列深度合作；三是强化中塔立法机构合作，探寻符合国际标准的双边遣返法理机制；四是开展地方务实合作。

深化与塔吉克斯坦经济合作。加强经济合作对中塔关系大有裨益，与中国加强经济合作及吸引中国企业投资是塔吉克斯坦的必然选择，因为塔吉克斯坦社会各个层面必将从本地经济发展中受益。一是推进区域互联互通，加强塔吉克斯坦物流基础设施建设，提高货品通关效率；二是充分利用卫星遥感等技术优势，提高塔吉克斯坦资源开发效率及矿业安全生产；三是推动中国新能源企业进入塔吉克斯坦市场，助其发展绿色能源；四是与塔吉克斯坦在新农业、数字经济、5G 通信等高尖端技术领域加强合作，助其发展转型；五是推动塔吉克斯坦供应链参与中国新能源汽车、光伏发电等优势产业，促进塔吉克斯坦产业转型；六是围绕联合国《2030 年可持续发展议程》，以投资为主、援助为辅的形式协助塔吉克斯坦完成扶贫工作；七是拓宽对塔吉克斯坦的农产品进口渠道。

在与塔共建“一带一路”的同时，中国将积极响应联合国《2030 年可持续发展议程》，助力共建“一带一路”合作国家解决社会民生突出问题，推动绿色创新、产能革新，实现经济快速转型。例如，中国在中国—中亚峰会期间，向中亚国家提供 260 亿元人民币资金，以融资和无偿援助方式助力中亚国家农业发展，以实际行动帮助中亚国家广大务农贫困群体，早日脱贫、早日致富。

中国对塔吉克斯坦发展作出的贡献，得到塔吉克斯坦社会各界的积极赞赏。一是在塔吉克斯坦的城市、乡镇开展绿色农业、环境保护、卫生健康等基础科普工作，助力塔吉克斯坦政府解决民生问题；二是围绕中国在人权、扶贫、可持续发展、打击腐败等方面的成就，与塔吉克斯坦的智库、高校开展不同层次的研讨活动，增进了解。

回顾过去，中塔共建“一带一路”倡议的务实成果丰硕：作为山地国家，塔吉克斯坦交通基础设施得到极大改善。在塔重大交通项目中，中塔公路二期项目关键路段是全国重大基础设施项目。根据塔方统计，2022 年塔吉克斯坦吸引中国投资 2.57 亿美元，其中直接投资 1.92 亿美元，占塔同期引进外国直接投资总额的 74%。展望未来，更应聚焦可能面临的障碍与困难。从外部形势看，在百年变局、俄乌冲突、大国博弈、阿富汗问题等多重因素的叠加影响之下，中塔合作面临诸多挑战。从内部形势看，塔吉克斯坦社会发展转型、营商环境不佳、“中国威胁论”等问题亦会给中塔共建“一带一路”倡议带来挑战与风险。鉴于此，中国应进一步推动中塔高质量共建“一带一路”倡议：一是充分落实中国—中亚峰会达成的共识，双方在基础设施建设、经贸、人文交流等传统合作方向将延续互利务实合作，推动双边共同发展，并将在 5G 通信、数字经济、新能源汽车等新兴领域取得突破；二是围绕联合国《2030 年可持续发展议程》，在塔吉克斯坦推动相关项目，以基建项目为核心的同时，还应重视小型项目，如中国医疗队下基层、乡村农业技术推广等；三是推动中塔民间友好往来。2024 年是中塔战略伙伴关系迈向下一个十年的开局之年，在中塔政治互信与中国—中亚元首峰会的共同领航之下，中塔合作动力强劲，合作前景广阔。

五　土库曼斯坦篇：开辟新的进步与繁荣之路

土库曼斯坦位于中亚西南部，北部和东北部与哈萨克斯坦、乌兹别克斯坦接壤，西濒里海与阿塞拜疆、俄罗斯相望，南邻伊朗，东南与阿富汗交界。中国是第一个与土库曼斯坦建立外交关系的国家，土库曼斯坦是中国在中亚地区的重要合作伙伴之一。“一带一路”倡议提出以来，中土战略伙伴关系不断发展，双边合作取得多项成果。特别是中土能源领域合作契合两国战略利益，成为双边合作的重要方向，既满足中国经济发展的市场需求，又有助于减弱土库曼斯坦对外经济依赖。当下新的国际形势带给中土更大的合作空间。本篇梳理土库曼斯坦近期形势，全面分析中土合作发展历程，总结成绩和经验，综合研判合作走势，助力中土合作提质升级。

（一）土库曼斯坦发展历程（2018—2023 年）

土库曼斯坦交通区位优势明显、油气资源丰厚，政治和安全形势有望保持稳定，被普遍认为是世界上最为和平与安全的国家之一。土库曼斯坦奉行“开放、中立、和平、合作、发展”对外政策，作为永久中立国不大可能被域外国家颠覆。土库曼斯坦对内严格管控，严控极端主义，国内没有政治反对派，政治生态安全，“颜色革命”不具备滋生和发展的土壤。土库曼斯坦经济高度依赖天然气出口，受国际市场价格影响较大，在高福利政策向市场经济转轨过程中，物价上涨、失业、贫困问题逐渐显现。

1. 政治进程

土库曼斯坦已经顺利完成权力移交，同时在政治体制上也有重大修订，从一院制改为两院制。2018 年 3 月 25 日，土库曼斯坦举行议会选举，共有 125 个席位，284 名候选人。其中引人注目的是总统的儿子谢尔达尔·别尔德穆哈梅多夫当选为议员。2023 年 3 月 15 日，土库曼斯坦举行总统大选，谢尔达尔·别尔德穆哈梅多夫成为第三任总统。共设国内外投票点 2618

个，登记选民 3435950 人，投票率为 97.12%。库尔班古力·别尔德穆哈梅多夫的儿子谢尔达尔·别尔德穆哈梅多夫以72.97%的得票率赢得总统选举。土库曼斯坦完成权力交接第一步。执政一年多来，新总统作风稳健，内外形势稳定。

2020 年 1 月 29 日，别尔德穆哈梅多夫总统宣布，总统不能履行职责时，将由人民委员会主席（上院）代行总统职务，而不是此前宪法规定的议会主席。2023 年 1 月 21 日，土库曼斯坦议会会议作出取消议会上院、将两院制改回一院制的决定。原人民委员会（议会上院）将改组成为最高人民权力机关，主席仍由前总统库尔班古力·别尔德穆哈梅多夫担任。1 月，根据土库曼斯坦议会决议，土库曼斯坦总统兼国家武装力量总司令谢尔达尔·别尔德穆哈梅多夫被授予陆军上将军衔。

2. 重大发展战略

2023 年 2 月，土库曼斯坦民族领袖、人民委员会主席库尔班古力·别尔德穆哈梅多夫在人民委员会主席团会议上公布土近 15 年主要社会经济指标。土库曼斯坦 GDP 保持稳定增长，自 2009 年以来平均增速超过 6%，过去 15 年 GDP 增长 2.7 倍；工业产值增长 2 倍多；2023 年零售商品额达到 1.4 亿马纳特（约合

4000万美元)，约为2008年的8.5倍；人口增幅达200万，人民生活条件显著改善。

2022年土库曼斯坦GDP增速放缓，较上年减少2.8个百分点，仅为1.8%。2023年以来发展势头有所好转。2023年1—9月GDP增长6.3%，投融资额增长13.3%，零售额增长9.6%，大中企业工资同比增长9.9%；国家预算收入实现111.7%，支出完成计划97.8%。根据国际货币基金组织2023年5月初发布的《中东和中亚地区经济展望》报告，2022年外贸出口额为156亿美元，进口额为85亿美元。2023年2月10日，谢尔达尔·别尔德穆哈梅多夫总统在内阁扩大会议上听取了2022年社会经济发展情况汇报，并批准了《土库曼斯坦2023年社会经济发展计划》，该计划将2023财年GDP增长目标设定为6.5%，私营部门(不含油气能源综合体)占GDP份额计划提高到71.3%，外贸总额计划提至194亿美元。实际上，2023年土库曼斯坦GDP同比增长6.3%，其中工业增长4.3%，贸易增长12.8%，农业增长4.4%，投资增长7.5%。土库曼斯坦经济持续增长主要得益于制定了符合国情的经济发展战略。2018年1月，土库曼斯坦议会通过《2018—2024年社会经济发展战略》。根据此战略及土库曼斯坦经济发展状况，土库曼斯坦政府出台了2018年经济发展规划。主要内容有以下几个方面。

一是确定预算法案，强调“以人为本”。土库曼斯坦2018年预算收入为955.085亿马纳特，预算支出与收入持平。预算收入部分主要来自油气、化学、电力、建筑及其他重要行业。2018年土库曼斯坦社会政策重点在于提高人民生活质量与水平，政府向社会领域的拨款应不少于国家预算总支出的75%—80%。土库曼斯坦政府还将大力投资实施大型国家项目和规划，包括“阿瓦扎”国家旅游区附属设施建设、首都及州、市建设规划、建设重要的社会文化基础设施等。

二是积极与国际接轨。别尔德穆哈梅多夫签署总统令，规定自2019年1月1日起，土库曼斯坦境内所有企业将开始采用符合国际标准的财务报告准则。为此，土库曼斯坦财政和经济部负责建立国际会计和财务报告准则过渡协调委员会，制定相关条例。别尔德穆哈梅多夫总统强调，开放政策是土库曼斯坦对外经济合作的基本原则，此举有利于土库曼斯坦经济纳入全球经济体系之中。

三是强调替代生产和创新发展。别尔德穆哈梅多夫认为，替代生产和创新发展是土库曼斯坦实现工业化和现代化的前提，2018年以来土库曼斯坦政府继续贯彻这两大原则。如落实《提高进口替代产品和定向出口产品生产规模的实施纲要》，加快本国化学工业发展，新建一批化工企业，提高矿物肥料产量等。在创新领域，土库曼斯坦将充分利用现代信息技术，积极落实《建立电子设备生产企业国家纲要》，争取3G、4G信号境内全覆盖；建设可支持新一代网络标准的现代化数字电话站和全国领域的高速电子通信网络等。别尔德穆哈梅多夫总统强调，在高新技术领域，土库曼斯坦应该积极利用外国资本和先进技术。

2019年2月4日，土库曼斯坦政府正式公布了《2019—2025年经济和社会发展纲要》（以下简称《纲要》）。该文件从宏观和微观方面规划了国家的经济和社会发展。《纲要》指出，油气开采、工业、电力、电子、农业、交通、通信、旅游等将成为未来七年拉动经济发展的重要领域，将经济、医疗、教育三大领域的数字化确定为国家发展战略目标及迈向发达工业国家的关键性决定因素。

《纲要》落实分四部分：加快私有化进程，减少国有成分在经济中占比；深化企业改革，引进世界先进管理技术实现企业改革；推进工业和服务业结构性改革，转向生产和出口高附加值、高技术含量产品；进一步开放投资市场，吸引私人和外国资本，促进出口市场多元化。《纲要》确定了具体经济发展目标，其中包括：国内生产总值（GDP）增幅2019年为6.3%，2025年前达到8.2%，工业、农业、建筑业、服务业占GDP比例将分别达到33.8%、8.9%、11.5%、45.8%；

2025年前将固定资产投资总额提高到2293亿马纳特（1美元合3.5马纳特），其中91.3%投向生产领域，用于扩大产能和创造新增就业岗位；在外贸方面，2025年前外贸总额将提高到1352亿美元；在社会保障方面，将向全国五个州拨款近百亿马纳特，用于社会基础设施建设和民生改善。①

土库曼斯坦政府重视过境运输能力建设。大力加强过境运输建设，力图将土库曼斯坦从中亚版图上的边缘国家打造成欧亚腹地的交通枢纽国。

一是举办经济合作组织成员国交通部长会议。2018年5月3日，第九次经济合作组织成员国交通运输部长会议在土举行。阿塞拜疆、阿富汗、伊朗、哈萨克斯坦、吉尔吉斯斯坦、巴基斯坦、土库曼斯坦、土耳其、塔吉克斯坦、乌兹别克斯坦及联合国亚太经济社会委员会、国际公路运输联盟等国际组织的70多名代表出席。与会各方认可修建跨里海国际通道的重要性，其中包括中亚通往土耳其的公路、阿富汗—土库曼斯坦—阿塞拜疆—格鲁吉亚—土耳其运输走廊、欧洲—高加索—亚洲运输走廊（TRACEKA）等。土库曼斯坦副外长谢尔达尔·别尔德穆哈梅多夫表示，土库曼斯坦将制订《发展运输体系国家规划》，致力于

① 王德禄：《土库曼斯坦》，载《中亚国家发展报告（2020年）》，社会科学文献出版社2020年版。

扩大运输领域的地区和国际合作。

二是建设沿里海国际化口岸。土库曼斯坦领导人表示，土库曼斯坦将建成里海最大的港口——土库曼巴希港，总投资约15亿美元，由土耳其公司“Gap Insaat”承建。据估算，该港口年货物吞吐量将达到约1800万吨（不含石油产品）或2600万吨（包含石油产品）。土库曼斯坦还提议环里海国家构建统一的物流体系。

三是完善国内铁路体系。土库曼斯坦实施铁路电气化战略，铺设新铁轨并对现有铁路进行现代化改造，以使其符合国际标准。

2018年11月30日，别尔德穆哈梅多夫签署了《2019—2025年数字经济发展方案》。方案将分三阶段实施：第一阶段是2019年，组建国家授权机构；成立跨部门委员会，编制数字经济发展规划，制定向数字经济转型路线图；第二阶段是2020—2023年，将更广泛、全面地应用数字通信系统，发展“单一窗口”服务，引入数字化会计制度等；第三阶段是2024—2025年，计划实现各经济领域的数字化，使土融入国际数字经济体系。自2018年以来，土库曼斯坦各行业开始重视利用互联网等数字化手段开展业务，提供便民服务。2018年年底，土库曼斯坦国家航空公司同国家邮政公司联合推出了全天候机票网上预订和购买服务，支持银行卡在线支付。2019 年 3 月，土库曼斯坦邮局引入了境内电子汇款系统；6 月，土库曼斯坦实现了火车票网上购买；9 月，土库曼斯坦国内首家在线商店 Ynamdar 开始营业。

2022 年 1 月 28 日，土库曼斯坦政府发布了《强国的新时代复兴：2022—2052 年土库曼斯坦国家经济社会发展纲要》计划草案。该计划规定经济结构转型，实行有效的市场机制，维护宏观经济和金融稳定，合理利用自然资源，工业和石油天然气综合体快速发展，利用可再生能源包括氢能，实施绿色经济政策，形成多式联运运输走廊。

（二）中土双边关系发展轨迹和成果

在两国元首的战略引领下，中土两国在各领域展开积极对话与互动，全面推进“复兴丝绸之路”与“一带一路”倡议对接，并肩构建人类命运共同体。

1. 政治领域拥有独特合作优势

建交 30 多年来，中土关系实现跨越式发展。中国是第一个与土库曼斯坦建交的国家，第一批支持土方奉行永久中立政策的国家，是土方第一个以政治文件形式确立的战略伙伴，也是土库曼斯坦第一大天然气贸易伙伴。2013 年 9 月，习近平主席对土库曼斯坦进行国事访问，中土建立战略伙伴关系。2014 年 5 月，库尔班古力·别尔德穆哈梅多夫总统对华进行国事访问，双方签署《中华人民共和国和土库曼斯坦友好合作条约》。2023 年 1 月，谢尔达尔·别尔德穆哈梅多夫总统对华进行国事访问。双方一致认为两国关系已进入全面发展的新阶段。基于两国合作的高水平，以及提升两国关系定位的共同意愿，双方宣布将中土关系提升为全面战略伙伴关系，继续发展世代友好、休戚与共、互利共赢的伙伴关系，在双边层面践行命运共同体。

2023 年 5 月中国—中亚峰会期间，两国元首再次举行会见，达成广泛共识。习近平主席表示，中国正以中国式现代化全面推进中华民族伟大复兴，土库曼斯坦正朝着“强国的新时代复兴”目标迈进，中土关系发展潜力巨大，前景广阔。中方愿同土方一道努力，把两国关系不断推向前进，更好造福两国人民。[①] 别尔德穆哈梅多夫总统表示，土中友谊历久弥新，土中关系基于相互尊重、平等和互利共赢，前景广阔。土方高度珍视同中国的全面战略伙伴关系，愿同中方推进“复兴丝绸之路”战略同“一带一路”倡议对接，发

① 《习近平会见土库曼斯坦总统别尔德穆哈梅多夫》，《人民日报》2023 年 5 月 19 日。

挥土中合作委员会作用，深化能源、创新等重点领域合作，密切人文交流。中国—中亚机制将为深化友谊与合作提供新契机，对世界也具有重要意义。土方高度重视，愿同中方密切沟通合作，共同应对挑战，促进地区安全稳定和发展繁荣。

中方高度评价土库曼斯坦独立以来在国家发展建设方面取得的辉煌成就，重申支持土库曼斯坦领导人及其政府推行的旨在维护国家稳定与快速发展的政策与举措，相信《强国的新时代复兴：2022—2052 年土库曼斯坦国家经济社会发展纲要》所确定的各项目标会得到实现。中土关系的发展不仅给两国和两国人民带来实实在在的利益，也为维护地区和平稳定作出重要贡献。土方认为两国在最广泛的领域开展全面合作，建立起独特的多层级协作机制。中国已经连续多年成为土库曼斯坦主要贸易伙伴，这是双方互利合作的鲜明体现。土方高度重视土中关系，将在平等相待、相互尊重、照顾彼此利益原则基础上同中方密切合作，全力推动土中关系迈向更高水平。

中土两国政局长期稳定，政策连续，这是两国开展战略合作的独特优势。两国各层级落实落细元首共识。两国立法机构和政党深入开展治国理政经验交流互鉴，夯实战略合作的政治和法律基础。双方在涉及彼此核心利益问题上坚定相互支持，尊重各自走符合本国国情的发展道路，在国际和地区事务中密切协调配合。中土合作有健全的机制保障，不仅有中土合作委员会，还在其框架下设有经贸、能源、人文、安全、交通物流、科技合作6个分委会，充分发挥统筹协调作用，全力落实中土政府5年合作规划（2021—2025年），推动各领域合作齐头并进，全面发展。

2. 能源合作领域成为战略伙伴

土库曼斯坦石油储量丰富，天然气储量居世界第四位。两国天然气合作领域合作正形成生产、管道运输、贸易、金融、工程服务“五位一体”的综合布局，为“一带一路”建设树立典范。中土两国联手乌兹别克斯坦、哈萨克斯坦，共建“中国—中亚”天然气运输管道，兼顾生产国、过境国、消费国等能源合作参与者的利益。

中土主要的运输管道是中国—中亚ABC管道。A/B两线起点位于土境内阿姆河沿岸地区，管道经过乌、哈到新疆霍尔果斯。C线起于土乌边境的格达依姆，沿线的乌、哈同时作为气源地。中国—中亚天然气管道是中国目前在海外最大的天然气合作项目区块。三条管道全线设计输气能力为每年550亿立方米。在建的中国—中亚天然气管道D线的设计年输气能力为300亿立方米，气源也为土库曼斯坦东部气田。届时中国—中亚天然气管道总运力将达到850亿立方米。

截至目前，土库曼斯坦对华天然气十余年来累计供应3800亿立方米，天然气直接贸易额累计超过720亿美元，天然气贸易收入成为土库曼斯坦外汇收入的核心来源。中国企业传授最先进的油气勘探技术、钻修井工艺、工程管理规范及经验，为当地培养大批石油管理与开发技术人才，帮助土库曼斯坦夯实油气工业发展基础，提升核心竞争能力，使土库曼斯坦实现天然气多元出口战略目标，不断推进现代化转型。

3. 经贸领域合作潜力不断挖掘

建交以来，土库曼斯坦对华贸易不断增长。近年来得益于天然气合作突飞猛进发展，中国成为土库曼斯坦最大贸易伙伴，土库曼斯坦成为中国在中亚第二大贸易伙伴国。经贸合作成为中土关系的重要组成部分，其中天然气贸易占据重要战略地位。2009年，中土贸易额为9.54亿美元。2014—2017年，两国贸易额累计230多亿美元，占土库曼斯坦同期对外贸易总额的24.9%。2018年、2019年双边贸易额分别为84.36亿美元、91.17亿美元。2022年两国贸易额为111.81亿美元，同比增长52%。中土双边贸易额继续上升，1—8月为72.92亿美元，同比增长5.7%。

双方积极落实《关于扩大经济关系的合作规划》

和加强数字经济、绿色发展领域的投资合作文件，稳步扩大贸易和相互投资规模，促进贸易结构多元化，加快推进两国非能源领域合作，积极商谈中土优先合作项目清单，着力提升两国经贸合作的质量和水平。其中，数字经济领域是重要合作方向。华为公司和中兴公司与土库曼斯坦展开通信领域合作，但目前仅限于设备供应，合作规模有待提高。从土库曼斯坦国家发展纲要看，发展数字化经济、建设智慧城市是其优先发展方向，该领域双方合作空间广阔。

4. 互联互通领域成为合作新增长点

打造现代化的水陆空一体化交通与物流枢纽系统，为经济增长提供动力，是土库曼斯坦实施复兴丝绸之路战略的核心内容之一。土库曼斯坦投入巨资建设与完善大批交通运输基础设施，如建成关联国际货运的铁路 5 条、国际港口 1 个、现代化机场 6 座、大型跨河公铁大桥 6 座等。加强互联互通对促进经贸意义重大。“一带一路”倡议使货物无须再通过海路，而是经土境内陆路运抵中国东部海港，有利于打造立体化交通设施体系。

土库曼斯坦已建成“哈萨克斯坦—土库曼斯坦—伊朗”南北国际铁路。该线路直通波斯湾，可联通中国与中亚、中东国家的货运线路，使中国到西欧的运输路程缩短约 1 万千米，加快欧亚大陆间货运速度、降低货运成本，中国已与土库曼斯坦、哈萨克斯坦、乌兹别克斯坦、伊朗四国就该铁路签署运输协议。双方加快推动两国道路联通和跨境运输合作，提升中—哈—土—伊铁路集装箱班列、中—吉（吉尔吉斯斯坦）—乌（乌兹别克斯坦）—土（土库曼斯坦）国际多式联运运营频次和过货量。土库曼斯坦打造的交通与物流枢纽系统，为“一带一路”建设在大中亚及环里海地区落地奠定了重要基础，有利于“一带一路”建设向西、向南深入推进。

5. 人文交流促进中土民心相通

中土关系发展有着深厚的民意基础，民心相通为两国合作提供了有力的民意支撑。两国在教育、文化、科技、卫生、体育、地方等领域交流合作持续深化，以实际行动全方位践行中土命运共同体。中国 5 个省市与土库曼斯坦 5 个州市建立友好关系，目前土库曼斯坦在华留学生 1000 余人。中国在土库曼斯坦虽尚未开设孔子学院，但土库曼斯坦国际关系学院、国立马赫图姆库里大学、阿扎季世界语言学院、国际人文科学与发展大学等多所高校开设汉语课程。中国中央民族大学、北京外国语大学设有俄语、土库曼语专业。

官方与民间文化和旅游活动精彩纷呈，影响深入人心。中土双方多次举办“文化日”等大型交流活动，多家文化艺术机构建立直接联系，在文化遗产保护和管理领域加强合作。土库曼斯坦国家马戏团在中国举行为期3个月的汗血宝马巡演。两国青年频繁举行交流活动，进一步发挥青年在中土友好中的桥梁纽带作用。

中资企业积极从事公益项目建设。中土阿姆河右岸天然气勘探开发合作项目累计为土库曼斯坦提供就业岗位超过2.2万个，培训当地员工超过11万人次。项目一次性捐资400万美元援建的当地净化供水项目，成为土库曼斯坦境内外商援建最大单项民生公益项目，一次性解决边远地区6000名居民的饮水困难问题。项目公司还每年划拨专项资金资助土库曼斯坦学生留学，为土库曼斯坦经济发展与社会建设培养急需人才。

2023年10月31日，“中国文化年”开幕式暨文艺晚会在土库曼斯坦首都阿什哈巴德成功举办。要积极落实践行全球文明倡议，进一步巩固中国—中亚峰会成果，讲好中国故事，加强中外文化交流与合作，推动中华文化更好走向世界。中土互办文化年期间，两国艺术家还将进行相互交流，共同举办各类文化活动，进一步增强两国文化交流与互鉴。

（三）土库曼斯坦对中土关系、“一带一路”倡议的积极评价

土库曼斯坦总统别尔德穆哈梅多夫多次表示，土中两国拥有深厚睦邻传统，友谊历久弥坚，古丝绸之路将土中两国人民联结在一起，推动世界文明进步。土库曼斯坦“复兴丝绸之路”同“一带一路”倡议紧密对接，极大促进两国和地区国家互联互通和发展振兴。“复兴丝绸之路”和“一带一路”的宗旨均指向和平、合作、持续发展、共同繁荣，这是古丝绸之路精神在当今条件下的延续与发展，有助于促进地区国家的发展与繁荣。

2023 年 10 月第三届“一带一路”国际合作高峰论坛结束后，别尔德穆哈梅多夫总统进一步表示，习近平主席在开幕式上的重要讲话为未来合作指明方向。双方应该赓续友谊，将亲如兄弟般的友好关系代代相传，始终相互信任，相互理解，相互支持，持续深化双边经济能源合作和人文交流，密切在中国—中亚机制等多边机制内沟通协调，推动土中全面战略伙伴关系取得更多成果，造福两国人民，并为地区繁荣发展作出积极贡献。

通过中土双方元首外交、主场外交及具体项目推

进，中土友好、“一带一路”国际合作共识在土库曼斯坦正在形成。主要内容包括，“一带一路”是一项以互利共赢，构建利益和命运共同体为目的的合作倡议；以共商、共建、共享为主要合作手段，不追求某一方的利益最大化；以开放包容的态度欢迎所有合作者；坚持市场原则又兼顾社会责任。

土库曼斯坦调整国家战略对外合作方向，为中土合作提供新的历史机遇。一是随着国际政治经济形势变化与土地缘战略定位的调整，土库曼斯坦经济独立性逐步上升。由于历史原因，土库曼斯坦经济对俄罗斯依赖较大。但近年来西方国家不断加大对俄罗斯的经济制裁，俄罗斯对中亚国家的影响力有所下降，进一步推升土库曼斯坦与其他国家加强经济合作的意愿。中国是土库曼斯坦主要贸易伙伴，土愿扩大对华出口，增加贸易商品品种，推动双边贸易平稳发展，加强投资和经济技术合作。二是土库曼斯坦向西天然气出口量减少，亟须寻找新的合作对象。土库曼斯坦对华合作兴趣浓厚。土库曼斯坦从能源安全战略角度出发，自独立起即奉行天然气出口多元化政策。但由于国际形势、地区局势不稳、出口对象国经济形势堪忧等原因，土库曼斯坦天然气出口主要对象国由俄罗斯、伊朗变成中国。三是中土合作优势互补，土库曼斯坦对华需求明显。中国经济快速增长带来巨大能源需求，土油气储量丰富，中国资金优势明显，双方优势互补。

（四）重大战略对接推动中土互利共赢

中土命运共同体是中国—中亚命运共同体的一部分，是中土友好关系的战略对接，土库曼斯坦“复兴丝绸之路”与中国“一带一路”倡议对接，推动两国和地区国家互联互通、发展振兴。“一带一路”是中土构建命运共同体、夯实战略伙伴关系、拉紧经济交往纽带、传承世代友谊的重要多边合作平台。中土共建命运共同体应始终站在战略高度，加强高层引领和布局，严控合作风险，在双边层面践行命运共同体。

加强高层往来，夯实政治互信。元首外交为中土战略伙伴关系发展提供政治保障。双方应保持密切高层交往，保持经常性战略沟通，深化治国理政经验交流，不断增进战略和政治互信，为两国关系发展和各领域合作领航定向，持续注入强劲动力。相互支持是中土命运共同体的核心要义。双方应继续在彼此核心利益问题上相互支持，尊重各自走符合本国国情的发展道路。强调坚定支持土维护国家主权、独立、领土完整，始终是土方值得信赖的朋友和伙伴。

继续加强各层级会晤，及时就双边关系及共同关心的重大问题交换意见，协调立场。充分利用“中国+中亚五国”机制，细化落实具体合作领域。特别是在可能引发分歧的问题上，应综合研判土方诉求和主要立场，推动中土双边关系良性互动和健康发展。

继续推进发展战略对接。抓住中亚国家经济恢复的机遇，充分发挥中土合作委员会统筹协调作用，加紧推进“一带一路”倡议和“复兴丝绸之路”战略对接，全力落实好中土政府5年合作规划（2021—2025年），推动中土各领域合作齐头并进，在继续深化传统合作领域——油气合作的同时，全面发展两国各领域合作。高度重视战略对接的配套机制建设。采取积极有效措施，提升相互投资规模，不断推进和深化两国产能与投资合作。继续夯实和发挥好双边投资合作工作组机制的重要渠道作用，积极落实两国关于加强数字经济、绿色发展领域的投资合作文件，采取有效措施，扩大投资规模，推动两国投资合作高质量发展。继续在能源勘探开发和深加工、自由经济区建设、智能城市建设、基础设施、卫星通信、农业等诸多领域深化合作。

拓展多领域务实合作。深化农业领域合作。扩大节水灌溉、棉花加工、农业机械以及农业技术人员培训等方面的合作。大力推进互联互通领域合作。加快商签《中土政府间国际道路运输协定》，并继续在中亚区域经济合作、铁路合作组织等多边机制下保持沟通与协作。帮助土方加快交通基础设施建设，打造现代化的交通物流体系。加强官方和实业界层面磋商和对接谈判，健全合作机制，确立运行规则，保障中资企业权益。

加强人文领域合作。加强人文领域合作是夯实两国全面战略合作的基础，能够增进中土两国民族文化认知，推动两国经济合作进一步深化。鼓励两国更多地方省州（市）缔结友好关系，拓展交流合作。扩大医疗卫生合作，加强传统医学交流。帮助土方培养医疗卫生人才，同土方继续加强在疾病防控、卫生应急、远程医疗等方面的双多边合作，共同推动构建人类卫生健康共同体。加强对外宣传，筑牢中土关系两国民意基础。加强青年和智库机构的交往与合作，增强讲述中国故事的叙事能力。

加强国际事务合作。继续加强在联合国框架内的协调配合，就重大国际和地区问题及时交换意见，协调立场。共同推动落实全球安全倡议，为维护世界和平与安全贡献力量。高度重视“中国+中亚五国”机制，落实好中国—中亚峰会成果，充分利用这一重要平台加强沟通，推进各领域合作。不断丰富“上海精神”内涵，重视上合组织在处理地区事务中的多边平台地位，推动土库曼斯坦与上合组织合作。土库曼斯坦奉行永久中立的外交政策，不仅赢得稳定的周边环境，而且促进本国经济发展和对外合作，也是该国“积极中立，世代安宁”美好愿望的体现。应继续支持土方自主选择的发展道路，以及符合国际法基本原则的内外政策。支持土方奉行永久中立政策，高度赞赏土方提出的将 2023 年定为对话保障和平年的倡议。重视发挥上合组织的机制作用，为维护地区稳定与发展发挥“上合力量”优势。

2023 年是中土关系发展具有里程碑意义的一年。双方将中土关系提升至全面战略伙伴关系，在双边层面践行命运共同体。2023 年 11 月下旬，双方举行中土合作委员会第六次会议。该委员会是统筹、指导和协调双方合作的重要机制，为巩固双方政治互信，深化全方位合作，为构建更加紧密的中土命运共同体注入新动力。2023 年，习近平主席在第三届“一带一路”国际合作高峰论坛开幕式上的讲话，为未来合作指明了方向。2024 年，两国将以高质量共建“一带一路”为主线，全面推进两国发展战略对接，进一步深化双方各领域合作，不断充实中土全面战略伙伴关系内涵。双方将继续优化贸易结构，扩大投资和经济技术合作，加强绿色发展、数字经济等新兴领域合作。双方于 2023 年 11 月正式启动政府间科技合作机制、交通物流合作机制具有里程碑意义。双方将加强在纳米技术、新材料、自然资源加工、生物医药、地震学、信息通信领域合作，促进交通国际交流，推动两国交通运输合作迈上新台阶。

苏畅，中国社会科学院俄罗斯东欧中亚研究所研究员、战略室副主任，中国社会科学院中俄战略协作高端合作智库办公室副主任，中国南亚学会中南亚研究分会常务理事。主要从事欧亚安全、中亚政治稳定、中亚非传统安全等问题研究。主持国家社科基金项目2项，出版学术专著2部，发表论文60余篇、研究报告100余篇，相关报告获中国社会科学院优秀对策信息奖特等奖、二等奖和三等奖。